Eva Billand

Und sie gingen unter uns

Dieses Buch schildert in realistischer und ergreifender Form die tiefe Tragik menschlichen Schicksals, das durch Geburt und Tod und vorübergehendes Sein auf dem Planeten Erde bestimmt wird.
Dem Leser wird auf spannende und anschauliche Weise Kenntnis über Erfahrungen und Erlebnisse der Autorin vermittelt, die das Weiterleben nach dem Tod verkünden. Es ist ein Aufruf an die Menschen, an ein Leben nach dem Dasein hier auf Erden zu glauben und selbst Mittel und Wege zu finden, sich davon zu überzeugen.
Das hier veröffentlichte Werk geht von der Voraussetzung aus, daß der Leser das in der breiten Öffentlichkeit stark materialisierte Weltbild bereits erweitert hat und durch Erkenntnisse der geistigen Wahrheit zu tieferen Einsichten gelangt ist. Die meisten der hier geschilderten Kundgebungen und paranormalen Erscheinungen werden im ersten Buch »Wir und das Jenseits« von Eva Billand ihrem Wesen nach ausführlich definiert und erklärt.

Eva Billand

Und sie gingen unter uns

Edition Sven Erik Bergh
in der Europabuch AG

Edition Sven Erik Bergh in der Europabuch AG

Schutzumschlag: Volkmar Börner
Schrift: Trump
Gesamtherstellung: Ebner Ulm
Printed in Germany
ISBN 3-7163-0199-X

Inhaltsverzeichnis

Vorwort

Charles, Betty, Harris und Marion – ihre Namen wurden geändert. Sie wollen in keiner psychiatrischen Klinik und in keinem Museum leben. Sie wollen vielmehr, ohne Aufsehen zu erregen, weiterhin für andere da sein und arbeiten. Vor allem im Dienste derjenigen, die ernsthaft und ohne Spott und Sensationslust zu ihnen kommen. Es sind bereits tausende, die heute an ihre Tür klopfen und um Hilfe bitten. Ich durfte für kurze Zeit mit ihnen zusammen arbeiten. Ich kam zwar nicht als Unwissende. Aber meinem fast nur theoretischen Wissen fehlten die praktischen Erfahrungen. Ich werde Charles, Betty, Harris und Marion nie vergessen. Was ich ihrem Wirken an Erlebnissen verdanke, möchte ich mit diesem Buch an andere weitergeben.

Am Anfang waren nur Fragen

Im Laufe des Lebens dringen manchmal Erfahrungen in das menschliche Bewußtsein, die wie Sonnenschein unseren Weg erhellen. Oft bringen sie Hoffnung, Trost und Erleichterung in unser Leben.
Solch eine Erfahrung machten Maria, Magdalena und die Jünger, als Jesus am dritten Tag auferstand und sich ihnen vollmaterialisiert in leuchtender Gestalt zeigte.
Zuerst fürchteten sie sich sehr. Aber dann hörten sie die geliebte, vertraute Stimme des Herrn, und ihre Furcht verwandelte sich in Staunen und Freude.
Durch diese Erscheinung wurde die fundamentale Lehre Jesu Christi vom ewigen Leben augenscheinlich bewiesen. Christus selbst lehrte uns damit, daß das, was wir den Tod nennen, ein einfacher Wechsel zu einer neuen Entwicklung ist.

Viele Jahre später schrieb Petrus seine Episteln. Er erinnert darin an diesen Augenblick der Auferstehung Christi, die für ihn die größte und wichtigste Erfahrung in seinem Leben geworden und der eigentliche Beweis dafür war, daß

das Erdenleben ein kurzes, vorübergehendes Sein ist, das uns eines Tages in die eigentliche ewige Existenz führt. Viele betonen, daß diese Ereignisse vor 2000 Jahren stattgefunden haben.
Kann so etwas auch heute geschehen? Die Antwort ist: Ja. Was damals geschah, das vollzog sich nach urewigen, ehernen, göttlichen Gesetzen, die sich niemals ändern. Was damals war, ist daher auch heute möglich.

Die Geschichte beweist, daß zu allen Zeiten in den vergangenen Jahrhunderten Menschen gelebt haben, die als vertrauensvolle Diener Gottes mit den kostbaren Geschenken der Medialität ausgestattet waren. Sie wirkten im Geheimen und brachten trotz Verfolgungen zu allen Zeiten Trost, Freude und Hoffnung für zahllose Menschen, die den Tod ihrer Lieben zu beklagen hatten.

Eines Morgens erwachte ich mit einem seltsamen Gefühl. Am Tag zuvor war ich in der Mensa der Universität zufällig Zeuge einer ernsten und erregten Diskussion zwischen zwei Medizinstudenten gewesen. Der eine war Parapsychologe, der andere Materialist. Beide absolvierten zur gleichen Zeit einen Sezierkurs. Die Erfahrungen, die die beiden dabei machten, waren völlig verschieden. Je länger ich der Unterhaltung zuhörte, um so mehr wurde mir klar, daß durch die Aussagen des

Parapsychologen meine schon lange gehegten geheimen Gedanken und Vermutungen bestätigt wurden. Schließlich hielt ich es nicht mehr aus. Ich bat den Studenten, der die paranormalen Ansichten vertrat, um eine persönliche Unterredung. Wir verabredeten uns für den kommenden Nachmittag. Als ich das kleine Café betrat, war er schon da. Rasch trat ich an den Tisch. Ich setzte mich und hatte tausend Fragen. Geduldig hörte er mir zu. Dann begann er zu erzählen. Seine paranormalen Erlebnisse gingen bis in die Kindheit zurück. Gespannt hörte ich ihm zu. Ich hatte eiskalte Hände und heiße Ohren. Abschließend meinte er, daß nun das Saatkorn der Geheimwissenschaften in meine Seele gelegt sei. Aber alles brauche seine Zeit. Ich sollte nichts überstürzen. Ich bat ihn, mir ein paar Bücher zu empfehlen. Er antwortete, daß er diese Frage erwartet habe. Er hatte mir zwei mitgebracht. Ich las sie über Nacht aus. Von diesem Tag an begann ich zu forschen.

Zu dieser Zeit wußte ich aber noch nicht, daß ich geistig ständig geführt wurde, daß mein Schicksal schon besiegelt war und daß ich auf meinem Weg Alexander O'Neill in London begegnen würde. So war ich ganz unvorbereitet und wußte nicht, daß eines der besten Seh- und Hörmedien unserer Zeit vor mir saß. Er war das erste Glied in einer Kette von paranormalen Ereignissen in meinem Leben, die mir die Überzeugung gaben, daß diese Welt und die, die für uns danach kommt, fließend ineinander übergehen. Eine so reell wie die andere.

Niemand in meiner Familie hatte bisher außersinnliche Erlebnisse gehabt, mit Ausnahme meiner Mutter.
Als ich als kleines Mädchen eines Tages auf dem Weg zu meiner Großmutter durch die Stadt ging, kamen wir an der Klosterschule vorbei, in der meine Mutter als Kind erzogen worden war. Die hohen grauen Mauern hatten viele Fenster mittlerer Größe, die alle mit schwarzen, schmiedeeisernen Gittern verziert waren. Meine Mutter wies auf das schwere alte Tor aus braunem Holz. Jetzt war es verschlossen. Aber damals, so erzählte sie mir, stand es jeden Morgen weit offen. Eines Tages ging meine Mutter nach dem Schulunterricht ganz allein in die Schulkapelle. Sie kniete vor dem Altar der Mutter Gottes nieder und betete. Obwohl sie erst zehn Jahre alt war, hatte sie bereits große Sorgen. Meine Großeltern waren sehr arm gewesen. Das Geld, das mein Großvater verdiente, reichte für das Notwendigste nicht aus. So kam es, daß meine Großmutter von früh bis spät stickte, um das Schulgeld und das Essen für ihre Kinder zu erwerben. Die Kinder bestaunten die seidenen Taschentücher, Hemden und Tischwäsche fremder Leute, die von meiner Großmutter mit kunstvollen handgestickten Monogrammen versehen wurden. Doch eines Tages kamen keine Aufträge

mehr. Der Krieg hatte große wirtschaftliche Not über das ganze Land gebracht. Obwohl meine Großmutter ihre Sorgen vor den Kindern verbarg, hatte meine Mutter ihren Kummer bemerkt. Sie war deshalb in die Kapelle gegangen, um hier für ihre Familie zu beten. Als sie aufstand, um nach Hause zu gehen, sah sie im Betstuhl eine schwarzgekleidete, verschleierte Frau knien. Als sie genauer hinsah, bemerkte sie, daß die Frau sie freundlich anlächelte. Das Kind faßte Vertrauen zu ihr und ging auf sie zu. Als es unmittelbar vor der Gestalt stand, hob sie die Hand und segnete das Kind. Als meine Mutter jedoch vor dem Betstuhl ankam, war die Frau verschwunden. Verwundert stand meine Mutter da und sah sich um. Die Frau war nirgends mehr zu sehen.
»Mami«, fragte ich ergriffen, »hattest du denn keine Angst?«
»Nein«, sagte meine Mutter. Sie glaubte fest daran, daß die Gottesmutter ihr Gebet erhört hatte. Als sie nach Hause kam, sah sie mit Freude, daß wieder feine Wäsche auf Omas Stickrahmen lag und das Essen auf dem Herd kochte.

»Und hast du diese Frau wiedergesehen?« fragte ich neugierig.
»Nein«, sagte meine Mutter, »nie wieder.«
Wir sprachen über diese Geschichte nicht mehr. Aber ich habe sie nie vergessen.

Viele Jahre später, als ich erwachsen geworden

war und über das Leben und seinen Sinn zu grübeln begann, fiel mir diese Geschichte wieder ein. Aber das war zu einer Zeit, in der ich an allem zweifelte, ja fast verzweifelte, weil ich mit dem Verstand allein so wichtige Fragen wie eine pränatale Existenz und ein Weiterleben nach dem Tod nicht beantworten konnte. Ich fand damals auf diese Fragen keine Antwort, nur den Hinweis auf das Spiel des Zufalls. Doch gerade das konnte ich nicht ertragen, weil es mir absurd erschien. Und es gab eine Zeit, in der ich den Sinn und Zweck meines Daseins nicht begriff, so sehr ich mich auch bemühte. »Wozu bin ich überhaupt da?« dachte ich immer wieder.
»Niemand weiß, ob ich nicht morgen schon sterben werde und weshalb ich eigentlich auf diese Welt gekommen bin.«

»Cogito ergo sum.« Dieser Satz des französischen Philosophen René Descartes (1596-1650) war das einzige, das mich überzeugte und das ich nicht leugnen konnte. Dennoch gab es Augenblicke, in denen ich sogar das gern geleugnet hätte.
Besonders beeindruckt war ich von Aristoteles. Das Ziel seiner Ersten Philosophie in der Metaphysik ist die Erkenntnis des Seienden überhaupt. Die Erkenntnis des Grundes allen Seins wird dann zur Gotteserkenntnis. Aristoteles unterscheidet zehn Kategorien des Seins, um damit geltend zu machen, daß man sich bei

allen Fragen nach dem Sein auf die Frage nach dem Wesen, nach der Substanz und nach dem Urgrund allen Seins zu beschränken hat. Er unterscheidet weiter zwischen dem Vergänglichen und dem Unvergänglichen, aber doch Veränderlichen, und zwischen dem Unveränderlichen, nämlich Gott.
Die Metaphysik vollzieht bei ihm den Aufstieg von der irdischen Welt über den Himmel, von dem bewiesen wird, daß er unvergänglich und ewig bewegt ist, zu Gott. Das Wesenhafte ist für Aristoteles, wie für die Denker vor ihm, das Bleibende. Da alle Formen der unvergänglichen Dinge wechseln, ist das, was bleibt, die unbestimmte Materie. Damit bestimmt er aber lediglich das Seinkönnende, nicht aber das Wirkliche, die Entelechie. Das wirkliche Wesen ist die ewige Form, die von der Materie nicht als total getrennt gedacht werden darf. Die ewige Form wird bei Aristoteles im Bewegten gedacht. Sie muß daher das Vergängliche überdauern. Dies wird im Bereich des Lebendigen sichtbar. Die Form war schon als Form des erzeugenden Lebewesens vorhanden, die als Zweck (telos) das Werden bestimmt. Sie erzeugt als Wirkungsursache andere Lebewesen von der gleichen Form, die es überdauern. So entstand schließlich die Lehre von den vier Ursachen: Materie, Form, Zweck und Wirkungsursache, die von großer historischer Bedeutung war.

Mit diesem Problem beschäftigt, ging ich in einer besinnlichen Stunde in die Kirche. Ich kniete nieder. »O Gott«, betete ich, »weise mir meinen Weg.« Als ich die Kirche verließ, überkam mich ein Gefühl der Erleichterung, das ich mir nicht erklären konnte. Bald darauf hatte ich meine ersten außersinnlichen Erlebnisse. Da ich mir diese Begebenheiten aber nicht erklären konnte, leugnete ich zunächst ihre Existenz. Aber es sollte sich bald herausstellen, daß auch dies keine Lösung war. Ich begann mit mir selbst zu ringen. Es fiel mir ungeheuer schwer, mein Weltbild, das ich bisher rein verstandesmäßig aufgebaut hatte, zu korrigieren und mir ein neues auf Glaubensbasis, rein hypothetisch, zu schaffen.
Mit großer Skepsis ging ich ans Werk. Ängstlich und immer bereit, mich sofort zurückzuziehen, bahnte ich die ersten Kontakte an.

Als ich eines Tages eine neue Wohnung bezog, traf ich hier die vorige Mieterin. Es war eine ältere Dame, deren Tochter nach Schweden geheiratet hatte und die nun auch nach Schweden zog, um in der Nähe ihrer Tochter zu sein. Teilnahmsvoll erkundigte ich mich, ob so ein totaler Umzug nicht eine große Belastung für sie sei. O nein, erklärte sie, im Gegenteil. Sie habe sich schon lange darauf vorbereitet. Schließlich sagte sie mir allen Ernstes, daß sie das alles schon gewußt habe, bevor ihre Tochter ihren Ehemann kennengelernt hatte.

»Wie ist das möglich?« erkundigte ich mich überrascht.
Die alte Dame erzählte mir, daß sie kurz nach dem Tod ihres Mannes ihre eigene Zukunft und die ihrer Tochter ausgependelt und damals schon das erfahren habe, was nun eingetroffen war. »Durch ein Pendel?« Ich schüttelte den Kopf. Ich hatte noch nie davon gehört. Ich dachte unwillkürlich an eine Pendeluhr. Aber wie konnte man daraus die Zukunft erfahren? Ich schüttelte wieder den Kopf und lachte laut. Ich entschuldigte mich bei ihr und erklärte, daß ich das leider nicht verstehen könnte.
»Sehen Sie hier«, sagte die Frau. Sie zog einen Metallgegenstand aus der Tasche, der mit der Spitze nach unten zeigte und an einem dünnen Kettchen hing. Sie nahm die Kette zwischen Daumen und Zeigefinger ihrer rechten Hand.
»Geben Sie mir Ihre Hand«, sagte sie.
»Können Sie handlesen?« fragte ich lachend. Davon hatte ich natürlich schon gehört. Ich hielt ihr, immer noch ungläubig, beide Hände hin.
Sie nahm meine rechte Hand und drehte die Innenfläche nach oben. Dann hielt sie ihr Pendel darüber. Sofort begann es in alle Richtungen zu schwingen. Es kreiste über meiner Hand, bald auf der linken, bald auf der rechten Seite. Etwas spöttisch und weit davon entfernt, auch nur im geringsten an das zu glauben, was sie mir sagte, stellte ich ihr einige Fragen, die meine Vergangenheit betrafen. Die Frau beob-

achtete daraufhin jedesmal ihr Pendel und antwortete mir dann. Zu meiner Überraschung waren die Antworten richtig.

»Das ist sicher nur reiner Zufall«, dachte ich. Außerdem war ich überzeugt, daß dieses Pendel nicht von allein über meiner Handfläche kreiste, sondern von ihr manipuliert worden war. Sie schien meine Gedanken zu lesen.
»Sie können das auch«, stellte sie plötzlich fest und sah mich lange an. Sie gab mir das Pendel in die Hand. Ich lachte wieder. Nun würde es sich ja herausstellen, daß die ganze Geschichte Unsinn war, dachte ich überzeugt.
Ich nahm die Kette, an der das Pendel hing, zwischen Daumen und Zeigefinger und bemühte mich, meine Hand ruhig zu halten.
»Nur nicht wackeln«, dachte ich, »damit das Pendel still steht.« Aber es dauerte nur einen Augenblick, und ehe ich mich's versah, begann das Pendel auch in meiner Hand heftig zu kreisen und in verschiedene Richtungen zu schwingen. Ich sah genau hin. Kein Zweifel, ich hielt meine Hand ganz ruhig. Aber das Pendel hörte nicht auf auszuschlagen. Ich durchdachte im Geist verschiedene physikalische Gesetze, die die Ursache dieses Phänomens sein könnten. Sicherlich mußte es dafür eine ganz simple, logische Erklärung geben. Aber es fiel mir nichts ein. Nun, ich wollte der Sache nachgehen.
»Was bedeuten alle diese Linien, Kreise und

Ellipsen, die das Pendel in meiner Hand macht?« wollte ich wissen.
Die Frau nahm mir das Pendel aus der Hand und steckte es in ein kleines, eigens dafür angefertigtes Etui. Dann nahm sie ein Blatt Papier und zeichnete darauf alle Kreise und Zeichen, die das Pendel vorher in der Luft vollzogen hatte, und schrieb die Bedeutung darunter. Wir besprachen diese Symbole. Dann holte sie aus ihrer Tasche ein zweites Etui und entnahm ihm ein Kristallpendel an einem seidenen Faden.
»Behalten Sie es«, sagte sie und überreichte mir das Kästchen.
»O nein«, wehrte ich ab, »das kann ich wirklich nicht annehmen. Und pendeln kann ich sicher auch nicht. Das muß ein Zufall gewesen sein.«
»Nein«, sagte die alte Dame. »Es war sicher kein Zufall. Das werden Sie bald selbst feststellen.«
Sie verabschiedete sich und ließ mich mit dieser Entdeckung allein. Immer noch ungläubig hielt ich das kleine Etui in Händen. Ich warf einen zweifelnden Blick darauf und verwahrte es in einer Schreibtischlade.

Einige Zeit später ereignete sich wieder etwas in meinem Leben, das mir einfach nicht in den Kopf wollte. Ich hatte die Adresse einer Gruppe von Menschen erhalten, die Tonbandstimmen einspielten. Stimmen aus einer anderen

Welt, wie sie sagten. Stimmen, die, wie die Technik beweist, als physikalisch unerklärbare Phänomene zu uns sprechen.
Ich war mit dieser Art von Konversation nicht vertraut. Ich neigte dazu, diese meistens unartikulierten Flüsterstimmen mit einer gewissen Scherzhaftigkeit zu betrachten. Vielleicht ein Produkt gewollter Einbildungskraft?
Aber am Abend des Tages, an dem der Vater einer Freundin starb, nahm ich sie zu einer Tonbandeinspielung mit. Ihr Vater meldete sich sofort. Ich konnte seine Stimme erkennen; sie hatte die gleiche Modulation wie früher. Er war offensichtlich derselbe Mensch geblieben, der er gewesen war. Er hatte nur eine bestimmte Erfahrung, die wir den Tod nennen, gerade hinter sich gebracht. Sein Bewußtsein und seine Kenntnis von dem, was danach kam, waren daher größer, als wir zu diesem Zeitpunkt wußten.
»Am Morgen, als ich auf dem Sterbebett lag, sprach ich noch mit deiner Mutter«, flüsterte seine Stimme auf Band.
»Es tut mir leid, daß ich euch jetzt verlassen muß.« Die Stimme kam rasch, leise und tonlos. Man mußte sich sehr anstrengen, alles zu verstehen. Ich neigte mein Ohr ganz nahe an das Tonbandgerät. »Es tut mir leid, daß ich deinen Bruder nicht mehr sehen konnte«, fuhr die Stimme fort. Ich hatte beinahe das Gefühl, mein Ohr an dem Mund zu haben, der da zu uns sprach. Dann kam die entscheidende Botschaft

für mich: »Ich will aber der erste sein, der euch Grüße von der anderen Seite überbringt.« Obwohl die Stimme fast nicht mehr hörbar war, hatte ich sie ganz deutlich verstanden. Ich nickte nur. Ich konnte nicht sprechen. Ich war viel zu überwältigt.

Von diesem Abend an besuchte ich jenen Kreis eine Zeitlang regelmäßig. Eines Tages wurden ganz unerwartet zwei Neuankömmlinge den Anwesenden vorgestellt und als besondere Attraktion angekündigt. Sie hatten ein Quija-Board bei sich, das oft fälschlicherweise Planchette genannt wird. Ich war sehr aufgeregt. Ich hatte diese Art von Kontakt mit dem Jenseits noch nie gesehen. Kaum hatten die beiden, Tante und Neffe, einander gegenüber Platz genommen und ihre rechten Hände auf das kleine Glas in der Mitte des Brettes gelegt, da tanzte es auch schon in rascher Folge von Buchstabe zu Buchstabe und formte aus den Buchstaben Wörter und ganze Sätze. Die jenseitige Intelligenz, die auf diese Weise zu uns sprach, meldete sich als Peters Schutzgeist. Peter war der junge Mann, der mit seiner Tante regelmäßig Quija schrieb. Es schien sich um einen sehr freundlichen Geist zu handeln. Er bedachte mit seinen Botschaften unaufgefordert der Reihe nach alle Anwesenden. Plötzlich aber schien er innezuhalten. Das Glas lag einige Sekunden ruhig in der Mitte des Brettes. Dann fuhr er mit der Botschaft fort: »O Gott! Bitte, laß irgend etwas geschehen, um Franz zu überzeugen!« Ich sah mich um und bemerkte, daß der angesprochene Anwesende lächelnd die Stirn runzelte und den Kopf schüttelte. »Nein«, sagte er kategorisch, »ich kann es wirklich nicht glauben!« Wieder stand das Glas still. Einige Augenblicke vergingen. Nichts geschah. Es ereigneten sich keine weiteren Manifestationen mehr. Auf dem Brett schien keine Bewegung mehr möglich zu sein. Das Glas stand wie angeleimt.

Einige Anwesende wurden plötzlich unruhig. Ich hatte das Gefühl, samt meinem Sessel vom Boden abgehoben zu werden. Auch mehrere andere sprangen in Panik auf oder hielten sich krampfhaft an ihrem Stuhl fest. Gleichzeitig war der ganze Raum in ein unwirkliches blaues Licht getaucht. Das elektrische Licht war aus unerklärlichen Gründen erloschen. Dieses überirdische Leuchten wurde immer heller, als ob jemand eine unsichtbare riesige Gaslaterne angezündet hätte. Nach einigen Augenblicken verlosch es mit einem brillanten Effekt, ähnlich einem Feuerwerk, das am dunklen Himmel verglüht. Ich begann mich zu fürchten.

»Um Gottes willen, was ist das?« riefen mehrere Séanceteilnehmer gleichzeitig.

»Ich weiß nicht«, flüsterte Peter.

Unmittelbar danach bewegte sich das Glas heftig auf dem Brett.

»Das machen Sie doch absichtlich!« stellte Franz fest. »Sie bewegen das Glas mit Ihren

Händen«, beschuldigte er Peter und seine Tante.
Peter zog seine Hand zurück und legte sie auf den Schoß. Seine Tante hielt ihre Hand noch einen Augenblick lang ungefähr zehn Zentimeter über dem Glas. Danach lehnte auch sie sich in ihrem Sessel zurück. Das Glas bewegte sich weiter. Franz war aufgestanden. Er ging ganz nahe an den Tisch heran, auf dem das Brett lag. Er bückte sich und sah unter den Tisch. »Dann manipulieren Sie das Glas eben mit dem Fuß«, behauptete er.
Indigniert rückten die beiden zur Seite. Der Tisch mit dem Brett und dem darauf tanzenden Glas stand nun allein im Raum. Schließlich stellte es sich in die Mitte auf das Pentagrammzeichen. Es verharrte einen Augenblick. Dann hob es vom Tisch ab und schwebte einige Augenblicke ungefähr einen halben Meter über dem Tisch. Danach senkte es sich langsam und stellte sich, wie von unsichtbarer Hand bewegt, wieder ruckartig auf das Pentagramm.
Franz stand immer noch bei dem Tisch. »Mutter, bist du es?« fragte er leise und nervös. Die Wesenheit bejahte, indem sie das Glas auf »Ja« stellte. Franz schien nicht sehr beeindruckt zu sein. Er behauptete, auch diese Botschaft könnte manipuliert sein, da einige Anwesende wüßten, daß seine Mutter bereits gestorben war.
»Dann fragen Sie doch etwas, das außer Ihnen niemand hier wissen kann«, schlug Peter vor. Zögernd fragte Franz, ob hier noch jemand da

sei, der ihn zu sprechen wünsche. Sofort bewegte sich das Glas wieder heftig und buchstabierte REGINA. Dann kam eine Botschaft: »Ich war deine Verlobte. Ich bin am 25. November 1952 hinübergegangen. Ich möchte dich vom Weiterleben nach dem Tod überzeugen, damit du weißt, daß ich sehr oft bei dir bin.« Franz wollte das nicht akzeptieren. Er schien der Frage, wieso sich das Glas überhaupt bewegte, auszuweichen. Er meinte, die Ursache für diese Nachricht könne das Unbewußte der Anwesenden sein. Augenscheinlich stimmte die Ähnlichkeit der erhaltenen Botschaft mit den gehegten oder ausgesprochenen Gedanken der Anwesenden überein. Das Erscheinen des Namens Regina könne auch Zufall sein, meinte er. Ich fragte ihn, ob er mit der verstorbenen Regina, die ihn hier zu sprechen wünschte, längere Zeit zusammen gewesen sei. Franz bejahte. Ich erinnerte ihn daran, in diesem Fall müsse es sicher viele Ereignisse geben, über die nur er und Regina Bescheid wissen könnten. Ich schlug ihm vor, etwas in dieser Art zu fragen. Wenn er darauf eine befriedigende Antwort erhielte, würde er wohl an die Anwesenheit seiner verstorbenen Verlobten glauben. Franz erklärte sich bereit, einen solchen Versuch zu machen. Er dachte einen Augenblick nach. Dann sagte er: »Regina, wenn du es bist, dann mußt du dich bestimmt an das Buch erinnern, aus dem ich dir in der Woche vor deinem Tod vorgelesen habe.

Es war ein sehr dickes Buch. Du sagtest damals, ich soll es weiter lesen und dir das Ende erzählen. Wie hieß dieses Buch?« Sofort kam die Antwort: »Der große Regen.« Franz wurde bleich. Er war offensichtlich ergriffen. »Erstaunlich!« rief er. »Das ist etwas, das wirklich nur sie wissen konnte. Niemand sonst wußte es.«

»Siehst du wohl«, sagte seine Schwester, die ihn überredet hatte, heute mit ihr zu dieser Séance zu kommen. »Du mußt es nun glauben.«

Franz ging zu seinem Stuhl zurück und setzte sich. Er überlegte. »Kann ich noch etwas fragen?« sagte er dann zögernd. Sofort schob sich das Glas auf »Ja«. »Regina, kannst du mich sehen?« fragte er zweifelnd. Sie antwortete, daß sie ihn sehen könne. »Auch meine Familie?« Sie bestätigte das ebenfalls. Franz schloß die Augen und atmete tief. Dann beugte er sich vor und schlug die Hände vors Gesicht. Er richtete sich ruckartig auf und verschränkte kurz entschlossen die Hände im Nacken. »Wo sind meine Hände jetzt?« Ohne Zögern kam die Antwort: »Hinter deinem Kopf.«

Franz war still. Er vermochte nicht zu sprechen, so groß war sein Erstaunen. Bis jetzt war er der festen Überzeugung gewesen, daß alle spiritistischen Kommunikationen auf Schwindel, Tricks und Einbildung beruhten. Der Kontakt mit seiner früheren Verlobten bewegte ihn sichtlich. Ihr Tod war für ihn ein bitterer

Schicksalsschlag gewesen, von dem er sich lange nicht erholt hatte.
Natürlich kamen danach noch unzählige Durchgaben. Manchmal handelte es sich um wirklich bemerkenswerte Aussagen. Mitunter waren es auch triviale oder unsinnige Antworten. Später lernten wir, daß sie von niederen Wesenheiten herrührten, die sich einmischten, um diese simple Form der Kommunikation mit Menschen auszunutzen. Als Peter und seine Tante nicht mehr bei uns waren, beschlossen wir, es selbst auszuprobieren. Wir fertigten aus Karton ein Brett an und versahen es mit dem Alphabet, den Zeichen für Ja und Nein und in der Mitte mit einem Pentagramm. Dann stellten wir ein Glas darauf, berührten es mit den Händen und merkten bald, daß es von einem Buchstaben zum anderen ging, um uns Botschaften aus der geistigen Welt zu übermitteln. Wir fanden diese Methode viel befriedigender als die Tonbandstimmen, die mitunter sehr leise und unverständlich kamen, und schrieben längere Zeit nur noch Quija.

Ein ganzes Jahr lang ging dies sehr gut, bis eines Tages jemand zu uns kam, von dem wir gehört hatten, er habe durch Geistheilung große Heilerfolge erzielt.
Es war ein Schweizer namens Thomas Rütli, der einige Zeitlang in England gelebt hatte und der sich vorübergehend in Wien aufhielt. Geistheilung oder »Spirit Healing«, wie dieses Phä-

nomen in England genannt wird, bezieht sich auf Heilvorgänge im menschlichen Körper, die mit Hilfe jenseitiger Geister bewirkt werden. Viele Geistheiler, die große Leistungen zustande bringen, bezeichnen sich bescheidenerweise als bloßes Werkzeug oder als Kanal für jenseitige Helfer und Heilkräfte. Die Geringschätzung der eigenen Fähigkeiten dient der Vereinigung mit den Geistbrüdern aus der anderen Welt und ist somit Voraussetzung der Heilungsvermittlung. Die geistigen Mitarbeiter der Heiler wurden anfangs von vielen Laien mit der makabren Vorstellung von umherwandelnden Gespenstern behaftet. Diese läppische Fehldeutung gibt ehrlich bemühten jenseitigen Helfern einen makabren Beigeschmack, der ihre Bestrebungen oft verhindert. Das Wort »Geist« in Verbindung mit außersinnlichen Wahrnehmungen bedeutet eine qualitative, energetische Potenz. Der törichte Sprachgebrauch verleiht den Menschen, die uns ins andere Leben vorausgegangen sind, einen skurrilen Anstrich. Mittlerweile läßt sich jedoch viel häufiger als im vergangenen Jahrzehnt feststellen, daß es sich schon herumgesprochen hat, daß man den Tod überlebt und »drüben« einen feinstofflichen Körper hat. Der Begriff geistige Heilung gibt auch zu Mißverständnissen Anlaß, weil er noch andere Heilpraktiken außerhalb der orthodoxen Therapeutik umfaßt. Hinzu kommt, daß es unzählige Vorstellungen und Ansichten über Aufbau, Funktion und Wechselspiel von

Körper, Seele, Geist und Transzendenz gibt. Wie das alles wirklich funktioniert, läßt sich mit Worten nicht begreiflich machen. Dies wiederum ist die Quelle für Scharlatanerie und Tricks, die sich Geldjäger zu nutze machen, welche leider viele Opfer finden. Was aber allein letztlich zählt, ist die ungeheure Tatsache – die ich mit Begeisterung und Bewunderung sowohl bei englischen als auch bei philippinischen Heilern feststellen konnte –, daß angeblich Unheilbare geheilt, schwere und schwerste Leiden auf wunderbare Weise behoben wurden. Unglaubliches und Unvorstellbares vollzog sich in wenigen Sekunden vor unseren Augen in aller Stille, als wäre es das Einfachste und Verständlichste auf der Welt.

Die beachtlichen Erfolge auf dem Gebiet der Geistheilung haben sich mit der Zeit herumgesprochen. Im November 1959 öffneten an die 200 Londoner Krankenhäuser den Geistheilern ihre Tore. Die verantwortlichen ärztlichen Kapazitäten erteilten mit Einwilligung der Patienten die Erlaubnis. Das Gesundheitsministerium erklärte, daß dieses Recht auf der gleichen Grundlage gewährt wird, das auch für Priester gilt. Harry Edwards, einer der bekanntesten englischen Heiler seiner Zeit, meinte dazu, daß dieses Ereignis wohl eines der wichtigsten in der Entwicklung und Anerkennung der menschlichen Geistkräfte sei, die beweisen, daß der Mensch Teil des

Geistes sein muß und so imstande ist, Hilfe aus einer geistigen Quelle zu empfangen.
Im Grunde genommen ist überhaupt kein außersinnliches Phänomen ein Mysterium. Auch die Geistheilung nicht. Nur unser Verständnis für geistige Kräfte ist bis jetzt noch sehr begrenzt. Dennoch reichen unsere bisherigen Erfahrungen hinlänglich aus, um Schlüsse auf Ursprung und Anwendung dieser Kräfte zu ziehen.
Der Begriff »Geistheilung« bedeutet eine Heilung, die durch geistige Kraft erfolgt. Die Geistheilung muß aber an Fällen erprobt werden, die als unheilbar gelten. Es genügt nicht, bei leichten Fällen Heilerfolge zu erzielen. Sonst könnte nämlich mit Recht gesagt werden, daß diese Patienten sowieso oder durch die herkömmlichen Methoden der Schulmedizin gesund geworden wären. Nur Fälle, bei denen die ganze Kunst der Ärzte versagt, bieten den unwiderleglichen Beweis für tatsächliche Geistheilung.
Nicht nur auf den Philippinen, sondern auch besonders in England wurde durch die Entwicklung des modernen Spiritualismus die Aufmerksamkeit unzähliger Menschen auf die Bereitschaft der Jenseitigen, sich selbst zu offenbaren, gelenkt. Durch zahllose Praktiken und Erfolge der Geistheilung kam es schließlich zur Weiterentwicklung der medialen Fähigkeiten und dadurch zu weiterer Annäherung unserer Welt ans jenseitige Reich. Die erfolgreichsten Geistheiler betonen immer wieder, daß sie

selbst keinerlei Heilfähigkeiten haben und auch keine Praktiken anwenden, sondern daß die Heilungsgabe eine Kraft ist, die direkt von Gott kommt. Die Heiler müssen sich lediglich mit den Heildienern Gottes in geistige Übereinstimmung bringen. Die geistigen Helfer sind es, die diese segensvollen Kräfte, Energien und Gaben an die Hilfesuchenden verteilen.

Aber alles Theoretische, das ich über diese außerordentlichen Heilerfolge gehört hatte, genügte mir nicht. Ich wollte unmittelbare Erfahrungen mit diesem Phänomen machen, um mir darüber ein Urteil bilden zu können.

Ich packte meine Koffer und fuhr nach Manila. Damals pilgerten die Touristen zwar noch nicht in so zahllosen Scharen an diese Stätten der Wunderheilung, aber die wichtigen Ergebnisse und die Anerkennung von Heilungserfolgen, die bei unzähligen Patienten erzielt worden waren, hatten sich bereits herumgesprochen.

Ich stand dort der Tatsache gegenüber, daß viele organische Übel verschiedener Art und Ursache, deren reales Vorhandensein ärztlich geprüft und durch Röntgenbilder oder andere Befunde bewiesen worden war, mittels Geistheilung entgegen aller schulmedizinischen Erwartung behoben wurden. Teilweise erfolgten diese Heilungen durch Operationen, die auf eine Weise durchgeführt wurden, die ich als ehemalige Medizinstudentin katastrophal fand. Schaudernd stellte ich fest, daß hygienische Sicherheitsvorkehrungen mißachtet wurden. Bei herkömmlichen schulmedizinischen Eingriffen hätten die Kranken diese Vernachlässigung kaum überlebt. Aber sie litten nicht den geringsten Schaden. Das allein betrachtete ich bereits als Wunder. Abgesehen davon wurden viele fast Blinde wieder sehend, und Gelähmte konnten wieder gehen. Außerden gab es in dieser Zeit in Manila ein Ärzteteam aus Deutschland, das aus einem Internisten, einem Histologen und einem Chirurgen bestand. Mit ihnen war eine kleine Gruppe von Schwerkranken gekommen, die von diesen Ärzten vor und nach der Geistbehandlung untersucht wurden. Ich erinnere mich noch sehr deutlich an den überaus erstaunten Gesichtsausdruck des Histologen, als er zugeben mußte, daß die bei den geistigen Eingriffen entnommenen Gewebestücke eindeutig menschlicher Herkunft waren. Ebenso erstaunt waren die drei, als sie die Röntgenbilder eines Patienten mit Nierensteinen vor und nach der geistigen Behandlung verglichen. So genau sie die Aufnahmc auch prüften, die Nierensteine waren verschwunden. Der Patient lachte und stellte die Steine, die der Geistheiler seinem Körper entnommen hatte, in einem kleinen Glas auf den Tisch. Dies war einer der wenigen Augenblicke in meinem Leben, in denen ich es bedauerte, mich selbst bester Gesundheit zu erfreuen. Ich konnte deshalb nur Beobachter dieser unglaublichen

Vorgänge sein. Es war mir aber nicht möglich, sie am eigenen Körper zu erfahren. Allerdings bin ich nicht sicher, ob ich den Mut gehabt hätte, mich unter den beobachteten Umständen einem Eingriff zu unterziehen. Ich war vielmehr angesichts dieser blutigen Methoden, die mich an die Steinzeit denken ließen, froh, ins zivilisierte England zurückzukehren. Hier hatte man ja auf dem Gebiet der Geistheilung auch viele sensationelle Erfolge erzielt, allerdings nicht auf so spektakuläre Weise.

Ich versuchte zu verstehen, welche Mittel und Wege für die angewandte Geistheilung Voraussetzung sind.
Dazu ist es erforderlich, sich ein Bild von der körperlichen und geistigen Struktur des Menschen zu machen. An Hand der praktischen Beispiele wurde ich mit der Tatsache vertraut, daß jeder Mensch einen physischen und einen geistigen Körper hat. Der Geist leitet die Aufrechterhaltung der physischen Sinne und sorgt für die organischen Funktionen des menschlichen Körpers. Der spirituelle Geist beherrscht die psychischen Lebensmotive. Das Bewußtsein ist jener Kulminationspunkt, in dem beides, physische und psychische Lebenskraft, zusammenspielt. In ihm wird der Mensch seine Eindrücke gewahr. Beide stehen in enger Verbindung. Wie der physische Geist mit unseren körperlichen Bedürfnissen zusammenhängt und unser gesamtes Wissen und unsere Erfah-

rungen speichert, ebenso vermag der spirituelle Geist mit den Impulsen der geistigen Welt in Verbindung zu treten. Der Beweis, daß wir einen geistigen Körper haben, läßt sich verhältnismäßig leicht erbringen. All unsere Erfahrungen vollziehen sich mental. Das Auge selbst sieht nicht, das Ohr selbst hört nicht. Diese Sinnesorgane empfangen nur charakteristische Licht- und Schallwellen, die durch unzählige Nervenzellen dem Bewußtsein übermittelt werden. Hierbei gilt das Gesetz, daß zwischen jeder Art Sendung und Empfang ein harmonisches Verhältnis besteht.
Der Heiler muß sich deshalb mit den geistigen Kräften in Einklang bringen, damit er ihre Wirkung richtig empfangen und weitergeben kann. Der gleiche Vorgang gilt für alle Arten des mentalen Empfangs, auch für Inspiration, Intuition und Problemlösung. Alle diese Phänomene werden durch den spirituellen Geist hervorgebracht. Jene Menschen, die diese Fähigkeiten weitestgehend entwickelt haben, nennen wir Medien.

Wenn eine Geistheilung stattfindet, werden mit dem kosmischen Prinzip übereinstimmende, gesetzmäßige Kräfte in Tätigkeit gesetzt. Die Heilungen sind das Ergebnis nach Maßgabe der von ihnen bestimmten Bedingungen. Dies zeigt deutlich die Grenzen der Geistheilung. Sie kann nie gegen diese Gesetzmäßigkeit stattfinden. Wenn zum Beispiel ein Bein ampu-

tiert worden ist, kann kein neues Bein nachwachsen. Greise können durch Geistheilung niemals ihr jugendliches Aussehen wieder zurückgewinnen. Außerdem muß bei jedem Krankheitsbild nach der Ursache gefragt werden. Wenn jemand auf geistigem Weg von seinem Rheuma befreit worden ist, danach aber weiterhin in feuchtkalter Umgebung lebt, schafft er die besten Voraussetzungen für einen Rückfall. Dies gilt auch für Leiden, die seelische Ursachen haben. Außerdem hat die Befreiung von physischen Leiden nichts mit dem geistig vorbestimmten Leben zu tun. Es kann daher vorkommen, daß ein Mensch, durch Geistheilung von seinem Krebsleiden befreit worden ist, aber drei Monate später – zum vorgegebenen Zeitpunkt – einem Herzversagen erliegt.
Ebenso erfolgt die Heilung keineswegs spontan. Sie erfordert vielmehr oft eine längere Behandlungsdauer, bis im Körper des Patienten die gewünschte chemisch funktionelle Veränderung hervorgerufen wird.

Wie die irdische Welt von physikalischen Gesetzen regiert wird, genauso wird auch die geistige Welt von entsprechenden Gesetzen beherrscht. Die geistigen Gesetze sind aber den physikalischen übergeordnet, denn sie sind von den geistigen abhängig.
Wenn nun im Rahmen dieser Gesetzmäßigkeit »Unheilbare« durch Geistheilung ihre volle

Gesundheit wiedererlangen, so bedeutet das, daß die richtige Diagnose und die Beseitigung der Krankheitssymptome und deren Ursache von einer höheren Intelligenz bewerkstelligt worden sind. Diese Intelligenz ist bei der Geistheilung aber niemals der Heiler, also nicht der Mensch selbst, sondern es handelt sich dabei um eine jenseitige hohe Intelligenz.
Viele behaupten nun, daß dieses Wissen aus dem menschlichen Unbewußten kommt. Das ist aber nicht anzunehmen, weil die Menschheit bis zum heutigen Tag keine genaue Kenntnis davon hat, wie Geistheilung planmäßig auszuführen ist. Es liegt somit kein menschlicher Erfahrungswert vor, aus dem das Unbewußte ein so genaues, tiefschürfendes Wissen erlangen könnte. Der Heilungsprozeß scheint auch nicht nur den regulären Einsatz der geistigen Kräfte zu erfordern, sondern sie müssen auch mit den physischen Gesetzen in Verbindung gebracht werden, die die geistige Kraft in physische Wirkung umwandeln. Was aber auf dem Gebiet der Geistheilung möglich ist, das muß auch innerhalb der kosmischen Gesetze des göttlichen Schöpfungsplanes bei anderen geistigen Phänomenen möglich sein. Zu dieser Schlußfolgerung gelangte ich durch einen besonderen Fall.

Als ich mich eines Nachmittags in London in einer Klinik für Spirit Healing aufhielt, kam ich mit einer älteren Dame ins Gespräch, die mir von einer Frau erzählte, die erst kürzlich von ihrem Leberkrebsleiden geheilt worden war. Vorher war sie aus dem Sankt-Thomas-Hospital als unheilbar nach Hause geschickt worden. Die Ärzte versicherten der Familie, alles Menschenmögliche getan zu haben, und gaben an, daß die Frau längstens noch ein halbes Jahr leben würde. Dies war nun zwei Jahre her. Die Heilung sei aber nur erfolgt, berichtete mir die alte Dame, weil die Kranke zu guter Letzt die Chance gehabt hatte, bei einer Materialisationsséance ihren Mann und ihren einzigen Sohn zu sehen, die sie beide durch einen tragischen Autounfall verloren hatte, und so den Beweis für ein Leben nach dem Tod erhalten hatte. Von diesem Augenblick an ging es mit der bis dahin verbitterten Frau aufwärts. Trotz ihrer schweren Erkrankung nahm sie wieder aktiv am Leben teil. Sie erklärte sich auch bereit, sich der Geistbehandlung zu unterziehen. Nach relativ kurzer Zeit konnte eine unerwartete Besserung ihres Zustandes festgestellt werden, und mit jedem Tag fühlte sich die Frau besser.

Ich wollte nun unbedingt mehr über die erwähnte Materialisationsséance hören. Ich drang in die alte Dame. Aber sie beteuerte, die genaue Anschrift nicht zu kennen. Als ich mich verabschiedete, erwähnte ich beiläufig, daß ich eine Verabredung mit Alexander O'Neill hätte.

»Mit Alex?« rief die alte Dame überrascht. »Na, dann fragen Sie gleich selbst nach Betty und Charles in Brasilien. Er muß es am besten wissen, da er einige Zeit dort war.«
Ich tat es und erfuhr auf diese Weise von den an Wunder grenzenden Leistungen dieser Menschen. Ich schrieb sofort an Betty. Bald darauf erhielt ich ein Antwortschreiben, das mich allerdings sehr enttäuschte. Sie teilte mir mit, daß es vorläufig nicht möglich sei, mich an ihren Séancen teilnehmen zu lassen. Aber ich gab die Hoffnung nicht auf. Ich schrieb in Abständen von zwei Wochen immer wieder und wiederholte meine Bitte. Endlich kam nach einem Jahr die kurze Mitteilung, daß ich in den neuen wöchentlichen Kursen teilnehmen könnte.

Ich telegraphierte sofort zurück und buchte einen Platz im Flugzeug. Zwei Wochen später landete ich in Rio. Ich werde nie vergessen, wie mir zumute war, als ich zum ersten Mal dieses Haus betrat. Ein mystischer Hauch von Weihrauch lag in der Luft. Die stille Kühle, die diese Räume ausstrahlten, gaben dem Haus einen feierlichen Anstrich. Das Halbdunkel der Empfangshalle empfand ich als äußerst wohltuend, und als ich die Treppe hinaufging, in die Bibliothek, kam mir alles so vertraut vor, als wäre ich schon einmal hier gewesen. Neugierig nahm ich das vorgedruckte Programm für die kommende Woche in Empfang. Ich las es wohl fünfmal, um es mir gut einzuprägen und nichts zu versäumen. Die Tage, die danach folgten, gehören zu den schönsten und aufregendsten in meinem Leben. Ich war vollauf beschäftigt. Von Rio und seiner Umgebung habe ich außer meinem Hotel und dem täglichen Weg zu Bettys und Charles' Haus nichts gesehen. Aber ich bedaure das nicht.

Mein Tag begann nach dem Frühstück mit Meditationsübungen, denen jeweils ein sehr interessanter Vortrag folgte. Nach einer Teepause waren psychometrische Übungen in kleinen Gruppen oder andere praktische Vorführungen medialer Fähigkeiten an der Reihe.

Nachmittags wurden wir immer mit theoretischen Erläuterungen auf das Hauptabendprogramm vorbereitet. Auf diese Weise erfuhr ich, wie diese an Wunder grenzenden geistigen Phänomene zustande kommen und was sie dem Wesen nach zu sein scheinen. Ebenso erhielten wir praktische Anweisungen, was man unter Umständen tun kann, wenn man außersinnliche Erscheinungen hervorrufen möchte.

Diese einzigartige Zeit gehört zu meinen schönsten Erinnerungen trotz des tragischen Endes, das durch menschliches Versagen hervorgerufen wurde.

Etwas Vergleichbares erlebte ich nur noch in England, wo ich in der Nähe von London eine ähnliche Institution fand, die ich mehrmals besuchte.

Transfigurationen

Als ich nach den Meditationsübungen an das wie immer in der Bibliothek vorbereitete Buffet trat, um mich mit Tee und Kuchen zu stärken, erzählte mir Betty, daß wir morgen besonderen Besuch erwarteten. Queenie Ford und Al Cattanach aus Glasgow waren für ein paar Tage gekommen. Queenie war ein bekanntes Transfigurationsmedium, und Al Cattanach verfügte über erstaunliche Fähigkeiten der Hellsicht und Hellhörigkeit. Alle, die Al Cattanach kannten, hatten sich bereits mit ihr persönlich verabredet. Als ich hörte, daß sie außergewöhnliche Aussagen über die Zukunft machen könnte, wollte ich natürlich auch eine solche private Besprechung mit ihr haben. Zu meiner Enttäuschung konnte mich Betty nur auf die Warteliste setzen. Ein glücklicher Umstand fügte es, daß noch am selben Tag jemand seinen Termin absagen mußte, so daß ich sie aufsuchen konnte. Als ich den Namen Al Cattanach zum erstenmal hörte, dachte ich, es müßte sich um einen älteren, bärtigen Mann handeln. Um so erstaunter war ich, als mir in dem kleinen Séanceraum in der Mansardenwohnung eine junge Frau freundlich entgegenlächelte. Wir

begrüßten uns. Ich sah, daß sie große helle Augen, dunkelblondes, kurzgeschnittenes Haar und wunderschöne, schmale weiße Hände hatte. Sie war mittelgroß und schlank und trug ein einfaches blaugraues Kleid. Ich erklärte ihr, daß ich sehr neugierig sei, die berühmte Hellseherin Al Cattanach kennenzulernen. Sie wehrte bescheiden ab. »You will go far«, sagte sie dann schlicht. »I beg your pardon?« fragte ich verwundert. Ich verstand nicht, wie sie das gemeint haben konnte.
Sie erklärte mir, daß ich einen großen Teil der Pionierarbeit in meinem Heimatland leisten würde, damit auch dort, so wie hier, den Menschen die Überzeugung vom Weiterleben nach dem Tod durch den Kontakt mit der jenseitigen Welt zuteil werde. Ich antwortete, daß es mir sehr am Herzen liege, meinen Glauben an Gott, an ein Fortleben nach dem körperlichen Hinscheiden und meine Erfahrungen bezüglich der Kommunikationsmöglichkeiten mit der jenseitigen Welt an meine in dieser Hinsicht unwissenden Mitmenschen weiterzugeben. Dies betrachte ich als eine Mission. Aber es erscheine mir unmöglich, damit in einen großen Menschenkreis vorzudringen.
»Ich sehe Sie schreiben, sehr viel schreiben«, sagte sie weiter und ließ ihre Finger wie auf einer Schreibmaschine durch die Luft gleiten.
»Schreiben?« fragte ich verständnislos, doch dann fiel mir ein, daß ich vorgehabt hatte, meiner Mutter einen Brief zu schicken.

»Sie schreiben«, wiederholte Al Cattanach, »und das, was Sie schreiben, wird auf schwedisch und englisch übersetzt werden.«

Wieder sah ich sie verständnislos an. Das ist doch alles Unsinn, dachte ich bei mir. Al Cattanach schien meine Gedanken zu spüren. »Ja, Sie schreiben«, beteuerte sie, »und das, was Sie schreiben, ist sehr wichtig und wird ein Erfolg sein.«
Ich seufzte und zuckte die Schultern. Als ich den kleinen Séanceraum verließ, war ich enttäuscht.
Erst viel später begriff ich, daß Al Cattanach das Erscheinen meiner Bücher schon vor vielen Jahren vorausgesehen hat.

An dem Tag, an dem Queenie Ford den Meditationsraum betrat, in dem wir uns versammelt hatten, ging sie, ohne ein Wort an uns zu richten, durch das Zimmer und stieg auf das Podium. Betty begleitete sie und sprach die einführenden Worte. Queenie Ford war groß und schlank. Ihr dunkles langes Haar hatte sie glatt zurückgekämmt und hochgesteckt. Sie stand vor einer dunklen Leinwand, die auf das Podium gestellt worden war. Sie stand ruhig und still davor, genau in der Mitte. Erst jetzt bemerkte ich, daß ihr Kleid denselben dunklen Anthrazitfarbton hatte. Betty erklärte uns das Wesentliche über die Erscheinungen der Transfigurationen. Dann wurde das Licht ausgeschaltet. Es war dunkel im Raum. Nicht einmal die bei Materialisationen üblicherweise brennende kleine Rotlichtlampe wurde eingeschaltet. Als sich meine Augen an die Dunkelheit gewöhnt hatten, konnte ich Queenies Gesicht erkennen, ihren hellen Teint, der sich von der dunklen Wand hinter ihr abzeichnete. Sie hatte die Augen geschlossen. Plötzlich kam ein seltsames Leuchten in ihr Gesicht. Ihre Züge waren silbrig erhellt, wie in Mondlicht getaucht. Das Licht erhellte nur ihr Gesicht und schien noch ein bißchen um ihren Kopf zu fließen. Plötzlich veränderte sich Queenies Gesicht. Es hatte überhaupt keine Ähnlichkeit mehr mit ihr. Die Züge schienen sich zu verschieben, nahtlos ineinander überzugehen. Die Veränderung vollzog sich in Sekundenschnelle. Niemand konnte sagen, wie es eigentlich vor sich gegangen war. Das Gesicht war offenbar das einer jungen Frau. Es zeigte einen lebhaften Ausdruck. Nach ungefähr 20 Sekunden verschwand die Erscheinung. Queenies Gesicht war wieder da, mit geschlossenen Augen. Binnen kurzem wiederholte sich dieser Vorgang. Diesmal zeigte sich das Gesicht einer alten Frau. Sie hatte sehr viele Falten auf den Wangen, um die Augen und um den Mund. Ihr dünnes silbrigweißes Haar war in glatten Strähnen zurückgekämmt und zu einer kleinen Nakkenrolle zusammengebunden. Auch dieses Gesicht verschwand kurz darauf. Wieder kam Queenies eigenes Gesicht zum Vorschein. Da-

nach sahen wir das Bild eines älteren Mannes mit Oberlippenbart, dann den Kopf eines jungen Mädchens mit runden Wangen und kleiner Nase. Ich kann nicht mehr sagen, wieviele Gesichter wir in dieser Séance gesehen haben. Als nach dem Bild des jungen Mädchens wieder Queenie Ford für wenige Augenblicke sichtbar wurde, erschienen kurz darauf mehrere Gesichter, welche offenbar Menschen gehörten, die im alten Rom gelebt hatten. Teilweise trugen sie einen Helm auf dem Kopf, was darauf hindeutete, daß sie Angehörige der römischen Legionen gewesen sein mochten. Ein Gesicht nach dem anderen erschien. Keines glich dem anderen. Zunächst war ich sehr überrascht und erstaunt. Aber nach und nach schienen diese Gesichter fast wie in einem Film eines nach dem anderen abzulaufen. Ich hatte fast vergessen, daß Queenie Ford dahinter stak, ein Mensch mit großen medialen Fähigkeiten.
Als endlich nur noch Queenies Gesicht zu sehen war, drehte Betty das Licht wieder an. Quecnie war etwas benommen. Sie verließ schweigend den Raum. Auch die anderen Séanceteilnehmer standen still auf, um in die Bibliothek hinunterzugehen. Alle waren noch ganz fasziniert von dem soeben Erlebten.

Danach folgten wieder Tage der harten Arbeit an uns selbst, Meditationsübungen und psychometrische Versuche im kleinen Kreis. Keiner von uns schien besondere Fortschritte zu machen, sosehr wir uns auch abmühten. Wir bedurften nach so langer Erfolglosigkeit wahrlich oft des Trostes und des Zuspruches durch Betty und Harris. Manchmal kam Charles für eine Weile zu uns. Wenn uns Schülern gar nichts anderes in den Sinn kam als das, was wir mit unseren physischen fünf Sinnen wahrnehmen konnten, ermunterte er uns, indem er uns erzählte, wie er als Kind einmal während einer Séance, in die ihn seine Mutter mitgenommen hatte, von den jenseitigen anwesenden Geistern einen Meter hoch in die Luft gehoben worden war, was ihm sehr viel Spaß gemacht hatte. Das nächste Mal aber, als seine Mutter ihn zu Hause beim Vater gelassen hatte, zersprangen mehrere Fensterscheiben, und auf dem Schreibtisch des Vaters tanzten Bleistifte und Lineale wie von allein über den Tisch. Ein Bild fiel von der Wand, und schließlich wurde dem Vater, ohne daß er es wollte, der Rock ausgezogen. Als die Mutter endlich heimkehrte, trug ihr der verdutzte und etwas nervöse Vater auf, ihn nie wieder mit diesem Buben allein zu lassen. Also hatte Charles zu seiner Freude nunmehr immer an den Séancen der Mutter teilnehmen dürfen. Ungläubig und verzagt lächelnd hörten wir ihm zu. Ich seufzte. Wer hatte schon solche Kindheitserlebnisse, fragte ich mich fast wehmütig. Charles holte plötzlich einen Sack voller Halbedelsteine hervor. Er drückte die Steine den Anwesenden in die Hand. Sie unterschieden sich in gar nichts von denen, die von Edelsteinsuchern gefunden werden. Aber diesen Ursprung hatten sie nicht. Charles erzählte uns, daß sie alle vor etlichen Jahren während einiger Séancen, die er mit Betty, Harris und Marion abgehalten hatte, mit lautem Knall von den Jenseitigen als Abschiedsgeschenk für die Medien materialisiert worden waren. Sie waren plötzlich im Raum gewesen. Damals wußte ich nicht, daß auch ich bald darauf etwas Ähnliches in diesem Haus erleben sollte.

Eines Abends eröffnete uns Betty, daß wir am Morgen überraschend außer Programm Besuch bekommen hatten. Ein außergewöhnlich gutes Hörmedium aus Schottland, Bill Douglas, war gekommen. Ich bat sofort um ein Gespräch mit ihm. Wieder betrat ich den kleinen Séanceraum in der Mansardenwohnung. Bill war noch nicht da. Ich blickte mich um. Da bemerkte ich, daß an der Wand eine kleine Reproduktion von Raffaels Gemälde »Die Madonna mit dem Kind in einer Landschaft« hing. Plötzlich sah ich eine Gestalt von der Tür her auf mich zukommen. Im ersten Augenblick dachte ich, es sei Bill. Aber dann sah ich, daß die Tür geschlossen war und die Gestalt lautlos auf mich zuzuschweben schien. Es hörte sich an, als ob ein Wassertropfen auf einer Herdplatte zischend verdunstete. Zu sagen, daß ich über diese unerwartete Erscheinung erfreut war, wäre eine große Übertreibung. Ich war erschrocken. Er-

leichtert atmete ich auf, als Bill kurz darauf den Raum betrat. Ich erzählte ihm sofort, was ich soeben gesehen hatte. Er erwiderte, daß das gewiß kein Grund sei, sich zu fürchten. Im Gegenteil, ich sollte mich freuen, daß meine medialen Fähigkeiten schon so weit entwickelt wären. Es gäbe genug Menschen, sagte er, die sich jahrelang bemühten, ohne jemals eine außersinnliche Erscheinung zu haben.
Ich zweifelte an seinen Worten und versuchte zu lächeln. »Hier ist jemand namens Gustav für Sie«, sagte er gleich danach. Der Name Gustav fiel seiner schottischen Zunge schwer. »Gustav!« wiederholte er, wobei er sich bemühte, den Namen so deutlich wie möglich auszusprechen.
Ich erinnerte mich sofort, daß meine Mutter mich vor meiner Abreise gebeten hatte, nach ihrem Vater und ihrem früh verstorbenen Bruder zu fragen. Ich hatte es ihr versprochen. Doch infolge der vielen Erlebnisse nach meiner Ankunft hatte ich es vergessen. »Gustav«, sagte ich, »ist es der Vater meiner Mutter?« fragte ich Bill.
Er schien in den Raum zu horchen. »Ja«, antwortete er dann. »Er ist mit Ihrer Großmutter gekommen. Ihre Großmutter hat Ihnen etwas zu sagen.« Er wies auf meine Handtasche, die ich neben meinen Stuhl auf den Boden gestellt hatte. »Ihre Großmutter sagt«, fuhr Bill fort, »daß Sie in Ihrer Tasche zwei Brieftaschen haben.«

Ich blickte auf die Handtasche. Es war eine schwarze Ledertasche, die verschlossen bei meinen Füßen stand. Bill konnte darin unmöglich etwas gesehen haben. Aber es stimmte. Darin waren zwei Brieftaschen, eine mit österreichischen Schillingnoten sowie eine kombinierte Brieftasche mit Geldbörse, in der ich brasilianische Geldscheine und Münzen bei mir trug.

»Ihre Großmutter bittet Sie, sehr darauf zu achten, daß Sie das Geld nicht verlieren. Sie möchte, daß Sie die beiden Brieftaschen mit einem Gummiband zusammenbinden und gemeinsam verwahren.« Bill lächelte. Er schien selbst etwas ungläubig zu sein über das, was er mir soeben gesagt hatte.

Ich lachte. »Das ist so typisch für meine Großmutter«, erklärte ich ihm. Bill lächelte immer noch. »Nun ja«, sagte ich weiter, »meine Großmutter war zu ihren Lebzeiten immer sehr arm. Sie hatte ständig Geldsorgen.«

Bill nickte verständnisvoll. Er horchte wieder in den Raum. »Ihr Großvater ist auch hier. Er sagt, er ist der Vater Ihres Vaters.« Er blickte vor sich hin. Er schien wieder etwas zu hören, das ich nicht hören konnte. Dann betrachtete er nachdenklich meine Hand. »Ihr Großvater sagt, Sie tragen zwei Ringe«, erklärte er und zuckte leicht die Schultern. Ich sah auf meine Hand. Am linken Ringfinger trug ich einen Ring mit Brillanten und Smaragden. Ich hatte diesen Ring heute morgen angesteckt, weil das Muster meines Kleides den gleichen grünen Farbton wie die Smaragde hatte. Aber es war nur ein Ring, nicht zwei. Bill sah das auch. Er blickte immer noch unverwandt auf meinen Ring. Seine Miene verriet, daß er seine Worte selbst für Unsinn hielt. Er zuckte wieder die Schultern. Offensichtlich konnte er es sich nicht erklären. »Ich wiederholte nur, was Ihr Großvater sagt«, betonte er. »Sie tragen zwei Ringe.«

Ich wollte nachsichtig lächeln, als mir plötzlich einfiel, daß ich diesen Ring aus zwei anderen Ringen hatte anfertigen lassen. Ich erklärte Bill, daß es tatsächlich zwei Ringe waren, einer mit Smaragden besetzt und einer mit Brillanten. Die Smaragde bildeten nun die mittlere Reihe des neuen Ringes, die auf beiden Seiten mit größeren und kleinen Brillanten blumenförmig geschmückt war.

Bill begriff. »Aha!« rief er erleichtert. Offensichtlich hatte er an seinen so oft erprobten medialen Fähigkeiten selbst gezweifelt. »Danke für diese Erklärung«, sagte er. »Sie sehen, daß es auch für uns praktizierende Medien nicht immer leicht ist, die verschlüsselten Botschaften aus der anderen Welt zu deuten.«

Für mich war diese anfangs so unsinnig erscheinende Durchgabe so verblüffend, daß ich mich für Bills Werdegang als Medium zu interessieren begann. Er erzählte mir, daß er schon als Kind auffallende paranormale Erlebnisse gehabt habe. Seine Großmutter sei ein außerordentlich hellsichtiges Medium gewesen.

»Halten Sie Medialität für vererblich?« wollte ich wissen.

»Teilweise ja«, antwortete er. »Aber größtenteils erwirbt man sie durch ausdauernde Arbeit an sich selbst.«

Ich nickte. Was das bedeutete, wußte ich ja bereits. Er erzählte mir weiter, daß er als kleiner Bub seine erste Kamera bekommen hatte und damit die bizarre und wunderschöne schottische Landschaft, die er sehr liebte, fotografiert hatte. Zum Erstaunen seiner Familie stellte sich heraus, daß auf diesen Aufnahmen, die er größtenteils auf seinen Spielplätzen gemacht hatte, die Gesichter von verstorbenen Familienmitgliedern zu sehen waren. Meistens konnte man sie deutlich im Laub der fotografierten Bäume erkennen. Nur seine Großmutter wunderte sich darüber nicht. Als sie bei den Aufnahmen einmal dabei war, sagte sie voraus, daß auf den Bildern bestimmte Personen, die sie gekannt hatte, zu sehen sein würden, da sie ihr zum Zeitpunkt der Aufnahme erschienen waren. Bill erinnerte sich, daß er von seiner Großmutter sehr viel gelernt hatte. Vor allem war ihm die jenseitige Welt durch sie früh vertraut geworden. Infolgedessen kannte er keine Furcht. Als die Großmutter starb, hatte er bald darauf seine ersten hellsichtigen Erlebnisse. Sie war ihm sehr oft erschienen und hatte ihm Anweisungen gegeben, die für ihn und sein weiteres Leben sehr wertvoll gewesen waren. Als ich Bill verließ, war ich fest entschlossen,

alles zu tun, um selbst hellsichtig und hellhörig zu werden. Was hatte er gesagt? Die jenseitigen Stimmen klangen für ihn wie Telefonstimmen. Daran erinnerte ich mich lange Zeit. Immer wenn ich telefonierte, versuchte ich mir vorzustellen, daß es sich um Stimmen aus dem Jenseits handelte. Ich tat alles, um diese Fähigkeiten hervorzurufen. Aber sosehr ich mich auch bemühte, es war jahrelang alles umsonst. Wenn ich den Hörer auflegte, hörte ich nichts mehr. Um so öfter aber hörte ich von diesem Zeitpunkt an ein seltsames Knistern im Raum. Ich stellte fest, daß es im Materiellen kein solches Geräusch gab. Man konnte es nur annähernd vergleichen. Ich erkannte, daß mir jemand aus der anderen Welt damit seine Anwesenheit kundtun wollte. Aber ich sah nichts. Obwohl ich inzwischen meine Angst vor paranormalen Phänomenen abgelegt hatte, geschah nichts. Ich bat meine jenseitigen Freunde, sich anzustrengen. Ich konzentrierte mich. Ich beschwor meine jenseitigen Lieben förmlich, alles zu versuchen, um für mich sichtbar zu werden. Aber nichts dergleichen geschah.
Als ich eines Nachmittags Blumen in einer großen Vase geordnet hatte, die auf meinem Bücherbrett stand, trat ich einen Schritt zurück, um die schönen Blumen zu bewundern, die mir gerade ins Haus geschickt worden waren. Ich wendete mich dabei etwas zur Seite, und da sah ich dicht hinter mir ganz deutlich die Umrisse einer menschlichen Gestalt. Die

Person war etwas kleiner als ich und schlank. Es war eine silbriggraue Masse, deren Gesichtszüge sich leider nicht erkennen ließen. Ich konnte nur vermuten, um wen es sich handelte. Unwillkürlich berührte ich die Person mit einer Entschuldigung an den Schultern. Ich mußte sie mit meiner Unachtsamkeit auf den Fuß getreten haben. Ich konnte nur hoffen, ihr nicht weh getan zu haben, als ich unwillkürlich in sie eingedrungen war. Gleich darauf sah ich nichts mehr. Erschrocken war ich überhaupt nicht, obwohl ich mich allein im Raum befand. Im Gegenteil, ich freute mich sehr. Aber ich war zu diesem Zeitpunkt noch nicht mit dem Gefühl vertraut, wie es ist, wenn unser materieller Leib mit der jenseitigen Welt, ihren Körpern und Personen in Berührung gerät. Ich hatte noch nicht erfahren, daß geistige Körper normalerweise die Materie vollkommen durchdringen und durch sie hindurchgehen. Dies erlebte ich erst später. Ebenso erhielt ich erst später den Beweis für die Identität der Person, die ich damals gesehen hatte. Obwohl ich nicht wußte, um wen es sich handelte, freute ich mich sehr. Ich hatte instinktiv das Gefühl persönlicher Verbundenheit. Ein Gefühl der Wärme ging von dieser Erscheinung auf mich aus. Mit einladender Bewegung überließ ich der inzwischen wieder unsichtbar gewordenen Erscheinung den wundervollen Frühlingsstrauß, der aus weißem Flieder, Tulpen und Narzissen bestand.

Durch diesen kleinen Erfolg ermuntert, arbeitete ich jeden Tag weiter, um ein gutes Medium zu werden. Als trotzdem nichts mehr geschah, gab ich es schließlich auf. Nur manchmal hörte ich das geheimnisvolle Knistern im Raum, anfangs nur schwach, dann immer lauter und immer häufiger.

Als ich bei Freunden in ihr neugebautes Landhaus eingeladen war, geschah es, daß dieses Geräusch mit lautem, undefinierbarem Knakken an der Decke zu vernehmen war. Ich wunderte mich darüber. Bisher waren die Geräusche immer nur dann aufgetreten, wenn ich mich allein in einem Raum befand. Diesmal blickten alle anwesenden Personen gleichzeitig unwillkürlich zur Decke empor. »Nanu«, sagte der Hausherr scherzend, »dieses Haus wird doch nicht schon zusammenstürzen. So alt ist es wirklich noch nicht.«
»Es kommt darauf an, welchen Architekten du gehabt hast«, konterte eine der anwesenden Damen. Es belustigte mich ungemein, daß ich offensichtlich der einzige Mensch unter den Anwesenden war, der genau wußte, was für ein Geräusch das war und welchen Sinn es hatte. Als ich später darüber nachdachte, stimmte es mich allerdings ein wenig traurig, daß die rationalen Erfahrungswerte unserer modernen Welt es den Menschen nicht erlauben, Mitteilungsversuche aus der jenseitigen Welt für möglich zu halten. Eher hält man das Unmögliche in der

materiellen Welt für möglich. Das bedauerte ich sehr. Die Jenseitigen taten mir leid. Ich versuchte festzustellen, was für eine Botschaft sie zu übermitteln hatten. Ich konzentrierte mich. Aber nichts geschah. Schließlich vergaß ich die ganze Geschichte.
Ein paar Wochen später traf ich meinen Gastgeber zufällig in der Stadt. Er erzählte mir, daß seine Mutter plötzlich und unerwartet gestorben sei, just an dem Abend, an dem wir alle in seinem neuen Haus zusammengekommen waren.

Natürlich hatte ich diese Erlebnisse erst viel später, nachdem ich Bill getroffen hatte.
Zunächst ging ich damals in die Bibliothek hinunter. Wie immer, wenn ich in Schwierigkeiten war, konsultierte ich Betty. Ich fragte auch sie nach ihren Lehrjahren und Erfahrungen. Sie erzählte mir, daß sie schon einmal verheiratet gewesen war, sogar sehr glücklich, lange bevor sie Charles kennengelernt hatte. Ihr erster Mann war bei einem Flugzeugabsturz ums Leben gekommen. Damals erging es ihr so wie schon so vielen Frauen vor ihr und nach ihr. Sie glaubte, diesen Schicksalsschlag nicht überwinden zu können. Der Verlust war für sie so schmerzlich, daß sie eine Zeitlang unfähig war, etwas zu tun. In dieser Zeit hatte sie einige Erlebnisse, die sie sich nicht erklären konnte und deshalb für Einbildung hielt. Erst allmählich begriff sie, daß es ein Weiterleben nach

dem Tod gab. Von da an tat sie alles, um ihre geistigen Sinnesorgane zu entwickeln, um so den Kontakt mit der jenseitigen Welt herzustellen und mit den Menschen in der geistigen Welt in Verbindung zu treten. Aber auch sie bemühte sich vergeblich, so daß sie zu dem Schluß gelangte, daß es ihr niemals gelingen würde, hellsichtig oder hellhörig zu werden. In dieser Zeit kam sie wieder einmal enttäuscht von ihren Meditationsübungen nach Hause. Sie knipste das Licht an und sah zu ihrem Erstaunen an der Wand wundervolle gefaltete Hände. Sie blieb stehen und schaute sie unentwegt an. Sie konnte es kaum glauben. Dann knipste sie das Licht aus. Sie dachte, sie habe sich getäuscht. Aber die schönen Hände waren auch im Dunkeln für sie sichtbar. Sie drehte das Licht wieder an, und die Hände waren immer noch da. Gleich darauf hörte sie die Stimme ihres verstorbenen Mannes, der ganz deutlich zu ihr sagte: »Betty, I love you.« Von diesem Augenblick an hatte sie ihre medialen Fähigkeiten erworben. Sie war auf wunderbare Weise hellsichtig und hellhörig geworden. Von jenseitiger Seite aus wurde ihr auch der Rat erteilt, ihre Tätigkeit auf geistigem Gebiet nicht aufzugeben, sondern von nun an für andere Suchende und Unwissende da zu sein. Sie war dieser Aufforderung mit Freude und Eifer nachgekommen. Auch die Begegnung mit Charles war ihr vorausgesagt worden.

Von da an nahm ich meine täglichen Meditationsübungen in unserer Gruppe wieder auf.

Physikalisch Unmögliches erscheint

Am folgenden Montag versammelten wir uns um zehn Uhr abends im Séanceraum. Wir waren fünf, alle skeptisch und ungläubig. Harris saß vor uns auf dem Podium in einem Armstuhl. Hinter ihm befand sich Charles' Kabinett. Der Vorhang war geschlossen. Der Zirkel begann in totaler Finsternis. Als sich meine Augen daran gewöhnt hatten, konnte ich in unserer Mitte deutlich die Trompete erkennen, die auf dem Boden lag. »Wir sitzen drumherum fast wie um ein goldenes Kalb«, dachte ich. Nach einer Weile wich meine ursprüngliche Spannung einer leichten Müdigkeit und Langeweile. Ich war von Anfang an überzeugt gewesen, daß gar nichts geschehen würde. Die dunkle Stille machte mich schläfrig. Ich wollte gerade die Augen schließen, als sich zu meinem größten Erstaunen in der Mitte des Vorhangs ein silberner Ball von der Größe einer Wassermelone zeigte. Der Ball begann sich zu drehen. Einen Augenblick lang war ich nicht sicher, ob es tatsächlich der Ball war, der sich drehte, oder ob sich vor Aufregung nur alles vor meinen Augen drehte. Nach einer Weile konnte ich jedoch mit Sicherheit feststellen, daß es tatsächlich eine Lichtkugel war, die vor unseren Augen tanzte. Sie blieb stehen, und in der Mitte ihrer Masse erkannten wir ein Gesicht. Nicht sehr klar. Aber es war ein Gesicht. Während wir herumrätselten, um wen es sich handeln könnte, wandte sich der Kopf etwas zur Seite. Wir sahen deutlich Haube und Schleier einer Nonnentracht. Die Dame neben Harris schrie plötzlich leise auf: »Ich weiß, wer das ist. Schwester Lukas! Sie war Mathematiklehrerin in dem Kloster, in dem ich erzogen wurde!« Langsam drehte sich der Kopf zu der Ruferin. Die Augen der Erscheinung sahen sie lange und tief an. »Schwester Lukas«, sagte die Besucherin fragend. Die Erscheinung nickte langsam. Dann verschwand sie. Ich war überwältigt. Der Séanceteilnehmerin waren Tränen in die Augen gestiegen. Sie hatte die Erzieherin aus ihrer Kindheit seit über dreißig Jahren nicht mehr gesehen.

Kurz darauf formte sich eine zweite Leuchtkugel am oberen Ende des Vorhangs. Ich sah sofort, daß die Erscheinung orientalische Züge trug. Das könne nur Ali Ben Yussef sein, wurde mir erklärt. Offenbar war er hier schon öfter gesehen worden. Dann zeigte sich ein anderes Gesicht zu unseren Füßen. An einem Stirnband konnte ich Federschmuck erkennen. Ein Indianer. »Oh, ich weiß, wer das ist«, sagte Harris lächelnd. »Bist du es, Golden Wind?« fragte er. Ich erfuhr, daß Golden Wind ein Kontrollgeist aus Harris' Anhang war. Golden Wind lachte

Harris an. Er zwinkerte mit den Augen. Eine perlende Reihe wunderschöner Zähne wurde sichtbar. »Er hat tatsächlich Ähnlichkeit mit Pierre Brice«, sagte ich eher erstaunt als belustigt. Die anderen nickten beipflichtend. Was dann kam, war so überwältigend für mich, daß ich nächtelang im Traum Indianer an mir vorbeiziehen sah. Mindestens zehn bis fünfzehn Erscheinungen kamen rasch hintereinander. Ich konnte die Gesichter gar nicht mehr so genau zählen. Aber sie waren alle verschieden.
»War das nun ein ganzer Indianerstamm, der hier zu uns gekommen ist?« fragte ich Harris verdutzt.
Er lächelte mich nachsichtig an. »Wir wissen es nicht«, antwortete er nur. »Aber ich nehme an, daß sie alle zu Golden Wind gehören.«
Ich war sprachlos. In den nächsten Tagen schwebte ich wie auf Wolken. Es ist also tatsächlich wahr, dachte ich immer wieder. Es gibt eine jenseitige Welt, in der wir weiterleben. Ich konnte unseren nächsten Abend kaum erwarten. Die Zeit verging, und als wir bei unserer nächsten Séance mit Harris zusammensaßen, wartete ich gespannt darauf, daß der große silbrige Ball wieder vor dem Vorhang erscheinen würde, in dem wir die Gesichter mancher unserer jenseitigen Freunde erkennen konnten. Es war ganz dunkel, aber nichts geschah. Plötzlich merkte ich, daß Harris in Trance war. Dennoch ereignete sich nichts. Wir saßen ungefähr eine halbe Stunde, und ich

dachte schon enttäuscht, daß heute nichts geschehen würde, als Marion, die heute in unserer Runde war, die Rotlichtbeleuchtung vor Charles' Kabinett anzündete. Warum nur, dachte ich. Es ist ja sowieso nichts zu sehen. Wir warteten erneut. Ich sah mich im Raum um, bewunderte die uralten, in Leder gebundenen Handschriften, die sorgfältig verschlossen hinter Glas im großen Wandschrank gegenüber dem Fenster standen. Ich wollte mich noch weiter umsehen, als ich auf die Trompete am Boden aufmerksam wurde. Rubinfarben fielen die Strahlen der Rotlichtlampe auf das geschwungene Metall. Die Trompete bewegte sich. Ich sah nochmals hin. Sie erhob sich vom Boden. Schnell beobachtete ich die anderen. Nur zu gern hätte ich festgestellt, daß sie sich durch Menschenhand bewegte. Aber alle Anwesenden saßen gut zwei Meter davon entfernt. Niemand berührte sie. Das kann gar nicht sein, dachte ich immer wieder. So etwas gibt es doch nicht. Die Trompete schwebte jetzt ungefähr einen halben Meter über den Köpfen der Besucher. Sie bewegte sich sachte in der Luft, wie von unsichtbaren Händen getragen. Schnell betrachtete ich zwischendurch die Gesichter der anderen. Bis auf Harris und Marion waren alle ebenso erstaunt und erschrokken wie ich. Plötzlich ertönte die Stimme eines kleinen Mädchens; sie klang etwas verzerrt, aber sehr laut. Sie sagte, Sun Chan sei ihr Onkel. Wir alle hörten diese Stimme plötzlich lachend und spielerisch aus verschiedenen Richtungen des Raumes. Jetzt schien sie von der Decke zu kommen. Wir alle sahen hinauf, ohne etwas erkennen zu können, als sie plötzlich vom Fenster her den Namen Tanuga rief. Dann hörte man nichts mehr. Im nächsten Augenblick fiel ein weißgoldener Lichtschatten über die Wand, wo der große Bücherschrank stand. Sekundenlang wurden die Handschriften taghell erleuchtet. Die Erscheinung verging sofort, und auch die Stimme des kleinen Mädchens war nicht mehr zu hören. Gleich danach starrten wir alle betroffen auf einen hellvioletten Lichtblitz im rechten vorderen Winkel des Raumes. Auch dieses Phänomen war sofort verschwunden. Ich hatte ganz vergessen, die Trompete zu beobachten. »Wo ist die Trompete?« fragte ich leise. Marion wies auf das Klavier links hinter mir. Ich drehte mich um und sah sie unbeweglich auf dem Klavier liegen. Dann kamen die Stimmen von Kindern, die offenbar viel Freude am Spielen hatten. Ihre Sprache konnte ich nicht verstehen. Plötzlich, auf unerklärliche Weise, war Harris der Pullover ausgezogen worden. Das Kleidungsstück fiel vor ihm auf den Boden. Als er es aufheben wollte, schwebte der Pullover durch die Luft und landete auf dem Klavierdeckel neben der Trompete. Danach erklang wieder lautes, fröhliches Gelächter. Mir wurde richtig unheimlich zumute. Nie zuvor war ich Zeuge solcher Phänomene geworden. Ich überlegte, ob es viel-

leicht besser wäre, nicht mehr hierher zu kommen, da meldete sich eine angenehme Männerstimme, die Englisch sprach. Es stellte sich heraus, daß es Emanuels Stimme war, Marions Kontrollgeist. Sie war melodiös und klang sympathisch. Mir wurde wohler zumute, als ich verstehen konnte, wovon man auf der anderen Seite zu uns sprach. Emanuel sagte, wir sollten Harris an seinen Stuhl fesseln. Um Gottes willen, wozu denn, dachte ich mißtrauisch. Emanuel erklärte, jetzt seien mehrere jenseitige Helfer da, die zeigen wollten, daß sie Harris ohne unsere Hilfe befreien könnten. Auf ein solches Ansinnen waren wir nicht vorbereitet.
»Wir haben nichts hier, womit wir Harris an seinen Stuhl binden könnten«, antwortete Marion.
»Doch«, beharrte die Stimme, die jetzt von der Mitte des Vorhangs kam. »Warum nehmt ihr nicht die Krawatten der beiden Herren in eurer Mitte.«
Die beiden Herren waren einverstanden. Sie standen auf und fesselten Harris lächelnd an den Händen, wobei sie mehrere Knoten knüpften.
»Ist es auch genügend fest, so daß er sich nicht selbst befreien kann?« fragte Emanuel.
»Ja«, antworteten die beiden Männer.
»Gut, dann bindet ihm nun die Füße zusammen«, verlangte Emanuel. »Fester«, forderte er, während die beiden Harris' Füße fesselten. »Macht noch mehr Knoten. Ja, so ist es besser.«

Harris versuchte sich loszumachen, aber das war ihm nicht möglich.
»Zum Dank für eure Mithilfe haben wir euch ein Geschenk mitgebracht, das ihr gleich sehen werdet. Nehmt davon, soviel ihr wollt. Es wird nicht weniger werden. Eßt ruhig davon, es ist wohlschmeckend, und es wird euch guttun. Es hilft gegen Angst und schwache Nerven.«
Ich fühlte mich ertappt und sah zu Boden. Plötzlich gab es einen lauten Knall. Es hörte sich an wie eine Explosion in nächster Nähe. Einen Augenblick später war der ganze Raum von betörendem Duft erfüllt. Wir entdeckten neben Harris' Pullover und der Trompete einen Teller, der aussah wie aus Chrysolith. Darauf befand sich ein weißes Pulver. Wir waren verblüfft, standen auf und gingen zum Klavier, um die himmlische Gabe genauer zu betrachten. Wir stellten fest, daß der Duft nach Jasmin und Moschus von diesem Pulver kam. Marion nahm etwas auf die Fingerspitzen und kostete davon. Ich wollte es auch versuchen, als mein Blick unvermittelt auf Harris' Stuhl fiel. Ungläubig starrte ich auf seinen Stuhl. »Was ist denn das?« flüsterte ich Marion zu und wies darauf. Auch die anderen Anwesenden wollten ihren Augen nicht trauen. Wir gingen dicht an den Stuhl heran. Harris war verschwunden. Die Krawatten lagen sorgfältig aufgeknüpft auf dem Boden. Im Stuhl saß, als ob Harris' noch darin stäke, seine Hose! Sogar die Bügelfalten waren zu sehen. »Harris!« rief Marion. Wir gingen

schnell zum Fenster. Aber wir konnten nichts entdecken. Dann öffneten wir die Tür. Wir wollten gerade die Treppe hinuntergehen, um Margerita zu fragen, ob sie Harris gesehen hätte, als er selbst die Treppe heraufkam. Verdutzt stand er im Hemd da. »Bist du wohlauf?« fragte Marion besorgt. Harris nickte. Er wußte nicht, wie das geschehen war.

Von diesem Augenblick an standen wir alle, die wir dieses paranormale Phänomen erleben durften, vor einem unlösbaren Rätsel. Niemand, auch nicht die erfahrensten Forscher auf diesem Gebiet, konnte diesen Vorgang erklären. Die jenseitigen Helfer, die wir bei nächster Gelegenheit darüber befragt haben, antworteten nur, daß sie unter bestimmten Bedingungen menschliche Körper sehr rasch dematerialisieren und kurz darauf wieder materialisieren lassen könnten. Aber wie, das wurde uns nicht gesagt.

Die Zeit verging, und die mediale Kraft unserer kleinen Gruppe nahm immer mehr zu. Dies bestärkte uns in unserem Selbstvertrauen.

Gleich zu Beginn eines jeden Zirkels wußten wir, daß wir wieder irgend etwas Besonderes erleben durften. Manchmal dauerte es ein bißchen länger, manchmal geschah es sofort. Welcher Art die Erscheinungen auch sein mochten, eins war ihnen allen gemeinsam. Stets bewiesen sie auf erstaunlich genaue Weise ihre Identität, indem sie einem Anwesenden Dinge sagten, die sonst niemand wissen konnte. Sehr oft hatten die Besucher bestimmte Ereignisse in ihrem Leben vergessen und wurden auf diese Weise daran erinnert. Oder es wurden ihnen ihre Gedanken auf den Kopf zugesagt und ihnen Ratschläge für die Lösung ihrer Probleme gegeben. Mitunter weissagten die Erscheinungen zukünftige Begebenheiten, die, soweit wir die Fälle weiterverfolgen konnten, tatsächlich eintrafen. Alles in allem war es eine wundervolle Zeit. Anfangs stand ich den Dingen, die ich erlebte, skeptisch und sogar ausgesprochen ängstlich gegenüber. Aber mit der Zeit überkam mich ein Gefühl der Dankbarkeit, daß ich so viele erstaunliche Geschehnisse erleben durfte. So ähnlich muß einem Tiefseetaucher zumute sein, der immer tiefer und tiefer in eine fremde und geheimnisvolle Welt eindringt. Schließlich lernte ich, daß der Umgang mit der geistigen Welt im Grunde genommen genauso natürlich ist wie die Kontakte, die wir hier auf der Erde mit anderen Menschen haben. Ich gewöhnte mich so sehr daran, daß ich mich wunderte, daß es Menschen gibt, die von dieser Art der Kommunikation nichts wissen. Die Erscheinungen wurden mir vertraut. Ich begann zu verstehen, daß sie genauso reell und existent sind wie die Erscheinungen unserer Lebensformen. Nur daß sie eben dauerhafter sind, wenn auch nicht hier auf Erden. Alle unsere jenseitigen Freunde, die sich uns mitteilten, hatten ja ihr Erdenleben hinter sich. Als unsere Gruppe eines Abends wieder einmal zusammengekommen war, meldeten sich verschiedene Jenseitige. Jeder von uns erhielt von den Geistern besondere Ratschläge. Wir fragten, ob sie sich uns nicht zeigen wollten. Sie antworteten, daß heute dazu keine Zeit sei. Den Grund verrieten sie uns nicht. Aber sie sagten, die meisten von ihnen würden wir sehr bald zu sehen bekommen.

Im Zimmer war es dunkel und kühl. Ich saß neben Harris. Wir verhielten uns still. Kurz nach Beginn der Séance begann sich die Trompete auf dem Boden zu drehen. Wir merkten sehr bald, daß sie, wenn sie stehenblieb, in die Richtung wies, wo der Séanceteilnehmer saß, dem die Jenseitigen etwas sagen wollten. Gleich darauf ertönte die Stimme Emanuels, der dem Betreffenden Grüße und Botschaften aus der anderen Welt übermittelte. Als jeder von uns auf diese Weise Mitteilungen erhalten hatte, sagte Emanuel unvermittelt, Harris solle sich auf seinem Stuhl gut festhalten. Ich sah Harris an. Er nickte kurz und legte die Arme auf die Lehnen seines Stuhles. Sogleich schwebten seine Füße in der Luft. Der ganze Stuhl samt Harris wurde von unsichtbaren Kräften in die Höhe gehoben und schwebte kaum merklich schwankend ungefähr zwanzig Zentimeter über dem Boden. Ich rückte mit meinem Stuhl zur Seite. Zwei Anwesende waren überrascht aufgesprungen und betrachteten fasziniert den in der Luft schwebenden Harris. Plötzlich wurde er ruckartig noch weiter hochgehoben, so daß er sich in gleicher Höhe wie der Tisch befand. Schließlich schwebte er so hoch im Raum, daß sein Kopf nur noch zehn Zentimeter von der Decke entfernt war. Das war sogar für den ruhigen und gefaßten Harris zuviel.

»Vorsichtig!« sagte er zu den jenseitigen Helfern. »Gebt acht, laßt mich nicht fallen!« Ängstlich sah er von seinem Stuhl aus auf den Boden, der so weit unter ihm war. Der Stuhl senkte sich schwankend um ungefähr einen halben Meter. »Langsam«, stöhnte Harris in seinem frei schwebenden Sessel. »Ich bitte euch, laßt mich wieder hinunter! Aber nicht fallen lassen«, bat er die unsichtbaren Kräfte. Statt dessen aber wurde der Sessel wieder etwas angehoben. Eine Dame stieß einen unterdrückten Schrei aus. Der Sessel mit dem sichtlich beunruhigten Harris schwankte und neigte sich auf die linke Seite. »Nun hört schon auf! Laßt mich doch wieder hinunter«, bat Harris erneut.

Diesmal kamen die Jenseitigen seiner Bitte nach. Langsam und ruckweise, aber kaum schwankend, senkte sich der Stuhl, bis er mit einem deutlich hörbaren Ruck auf den Boden gestellt wurde. Harris seufzte und lehnte sich erleichtert zurück. Gleich darauf verabschiedete sich Emanuel.

Diese für uns sehr eindrucksvolle Levitation war für den armen Harris sehr aufreibend gewesen. Er stand sofort auf. Wir folgten ihm. Unverzüglich holte er sich in der Bibliothek Kaffee,

der wie immer nach Beendigung einer Séance auf die Teilnehmer wartete.
Es war die erste Levitation gewesen, die ich im Leben gesehen habe. Ich fragte Harris, was das für ein Gefühl sei, von unsichtbaren Mächten hochgehoben im Raum zu schweben.
»Wie ein Seiltänzer ohne Netz«, antwortete er. Ich lachte. »Schade, daß unsere Freunde diese Levitation nicht auch mit mir versucht haben«, sagte ich.
»Ausgeschlossen«, erwiderte Harris. »Derlei Experimente werden erst nach langer Zeit mit Medien durchgeführt, die über besondere Fähigkeiten verfügen.« Es sei nicht das erste Mal gewesen, daß unsere jenseitigen Helfer dieses Experiment mit ihm durchgeführt hätten, fügte er hinzu. Anfangs hätten sie ihn auch nicht so hoch gehoben, sondern nur ein paar Zentimeter. Als er sich allmählich daran gewöhnt hatte, sei er immer höher gehoben worden. Dabei hätten die jenseitigen Freunde zu ihm gesprochen, um ihn zu beruhigen, und ihn ermahnt, still sitzen zu bleiben. »Und dennoch«, schloß er, »jedes Mal fühle ich mich schrecklich da oben. Ich leide richtig und bin heilfroh, wenn ich wieder unten bin.«
Er ging zu dem Teller aus Chrysolith, auf dem sich noch immer das nach Jasmin und Moschus duftende weiße Pulver befand. Er nahm etwas davon zu sich und forderte mich auf, dasselbe zu tun. Ich kostete vorsichtig. Es schmeckte leicht süßlich und zerging auf der Zunge. Ich

nahm noch etwas. Wenige Minuten später fühlte ich mich bemerkenswert erfrischt und munter. Ich wollte noch nicht nach Hause und bedauerte es, daß der Abend schon vorüber war. Um so mehr freute ich mich auf morgen. Wir sollten ausnahmsweise ein anderes Medium besuchen, das für kurze Zeit in Brasilien weilte. Betty hatte uns mitgeteilt, daß es sich um eine Amerikanerin handelte, die mit ihrem Mann für zwei Wochen nach Brasilien gekommen war. Sie hatte schon mehrere Vorführungen ihrer medialen Fähigkeiten gegeben. Die Gruppe um Charles und Marion war eingeladen worden, eine Séance mit diesem amerikanischen Medium abzuhalten.

Am folgenden Tag versammelten wir uns schon am Nachmittag bei Charles und Betty. Von einem Jeep, in dem wir alle Platz hatten, wurden wir in die Nähe der Stadt gebracht. Wir hielten vor einem ockerfarbenen Haus. Auf den Stufen vor dem Eingang saß ein farbiger kleiner Junge, der uns bettelnd seine schmutzige Hand entgegenstreckte. In einem schmalen Vorraum wurden wir von einem Herrn empfangen. Er hieß Ted und war der Ehemann des Mediums. Er führte uns in einen Raum, wo in der Mitte ein großer runder Tisch stand, an dem wir Platz nahmen. Ted sagte, seine Frau Mary werde gleich kommen. Bald darauf trat Mary ins Zimmer. Sie trug eine helle Bluse und einen weiten dunklen Rock. Sie hatte kurzgeschnittenes braunes Haar, wog auf den ersten Blick mindestens zehn Pfund zuviel und wirkte sehr freundlich. Harris wollte den Zirkel wie immer mit einem Gebet beginnen, aber Ted winkte ab, da Mary bereits in Trance zu fallen begann. Sie hatte in einem Armstuhl in der Nähe des Fensters Platz genommen. Mir war aufgefallen, daß es das für derartige Experimente notwendige Kabinett hier nicht gab. Aber nach einer Weile schoben Ted und Harris den Lehnstuhl mit der in Trance gefallenen Mary noch näher zum Fenster und zogen den Vorhang auf beiden Seiten vor ihr zu. Dann wurde der Vorhang mit Klammern zugehalten, so daß er nicht klaffen konnte und Mary unseren Blicken verbarg. Es war mittlerweile dunkel geworden. Ted knipste ein rotes Lämpchen an, dessen Fassung einer alten Petroleumlampe ähnelte. Er stellte es auf eine Kommode in der Nähe von Marys provisorischem Kabinett.

Wir warteten. Zunächst geschah einige Zeit gar nichts, und ich dachte schon, daß sich nichts ereignen würde, als plötzlich der Vorhang aufgerissen wurde und die leblos scheinende Mary unseren Blicken freigab. Ihr Kopf hing tief hinunter, die Arme baumelten seitlich über die Stuhllehnen. Ektoplasma floß aus Mund, Nase und Solarplexus. Es war aber nicht von reinweißer Farbe wie bei Charles und Marion, sondern es leuchtete grau und verbreitete einen üblen Geruch. Eine gräßliche tiefe Stimme ertönte. Wir konnten nicht verstehen, was sie sagte. Es hörte sich an, als spränge jemand wütend im Zimmer herum. Aber niemand war zu sehen. Danach hatten wir alle das Gefühl, als ob uns eine behaarte kalte Hand berührt hätte. Wieder war nichts zu sehen. Gelächter ertönte, und sofort danach hörten wir laute Geräusche in der Mauer, als schlüge jemand mit einem Hammer dagegen. Wir blickten in die Richtung, aus der das Gehämmer zu kommen schien, als plötzlich der Kamin an dieser Wand mit einem Ruck herausgerissen wurde und in Trümmern vor uns lag. Mörtel und Ziegelsteinstücke rieselten auf den Teppich. Wir waren entsetzt aufgesprungen. Zwei Besucherinnen waren in Panik aus dem Zimmer gelaufen. Ted drehte sofort das Licht an. Es war keine Einbildung. Der Kamin war aus der Wand gerissen worden. Harris, Ted und Marion kümmerten sich um Mary. Das Ektoplasma war reabsorbiert worden. Sie hing immer noch in ihrem Stuhl.

»Ich hatte gleich das Gefühl, daß heute etwas sehr Ungutes geschehen würde«, sagte eine der Anwesenden, »gleich als ich das Haus betrat.«

Ich bekam wie immer in kritischen Situationen eine Gänsehaut und ein flaues Gefühl im Magen. Auf einmal hörten wir Mary stöhnen. »O Ted«, jammerte sie, »I am so terribly sick! O my God, o God!«

Marion meinte, man sollte sie zu Bett bringen. Mary konnte nicht aufstehen. Ted und Harris hoben sie auf. Marion öffnete die Tür zum Nebenzimmer. Nachdem Mary auf das Bett

gelegt worden war, ging die Tür auf, und herein trat, angelockt durch den lauten Krach, die Hauswirtin von Ted und Mary. Sie war sehr klein und mager. Sie hatte ein schmales Gesicht mit großer Nase und langes schwarzes Haar. Ihre dunklen Augen funkelten vor Empörung, als sie den Trümmerhaufen des Kamins gewahrte. Sie rang die Hände und schimpfte. Für ihre Kleinheit hatte sie eine ungewöhnlich laute Stimme. Sie ging rasch auf Ted zu, drohte mit der Polizei und erklärte ihm auf portugiesisch, daß ihn die Beschädigung des Kamins eine Menge Geld kosten würde. Ted sah sie beschwichtigend, aber verständnislos an. Er sprach nur englisch. Harris mischte sich ein und sagte der Frau, daß Ted für den Schaden aufkommen würde. Dann wandte er sich an Ted, der ihr einen größeren Geldschein gab. Daraufhin drehte sie sich um, blickte noch einmal auf die Trümmer des Kamins, zog ihr graues Wolltuch enger um die Schultern und sagte, daß sie das Mädchen heraufschicken werde zum Saubermachen. Kopfschüttelnd und mißtrauisch schloß sie die Tür hinter sich.
»Hier könnt ihr nicht bleiben«, sagte Harris zu Ted.
»Ja, ich weiß«, antwortete er. »Aber wir müssen warten, bis Mary wieder gesund ist. Wenn sie sich morgen früh besser fühlt, werden wir gleich eine andere Unterkunft suchen.«
Inzwischen unterhielt sich Marion leise mit der auf dem Bett liegenden Mary. Sie schien ihr

Ratschäge zu geben. Ted besprach sich mit Harris. Die beiden geflüchteten Besucherinnen hatten sich von ihrem Schrecken erholt. Bei der Rückkehr waren sie der Hauswirtin auf der Treppe begegnet, die ihnen in unfreundlichem Ton etwas Unverständliches auf portugiesisch zugerufen hatte. Danach blieb sie stehen und beobachtete mißtrauisch, wie die beiden wieder die Wohnung betraten. Sie schienen erleichtert zu sein, als sie sahen, daß wir alle bis auf Mary unversehrt geblieben waren.

»Ted und Harris haben die Séance sofort abgebrochen, als das mit dem Kamin geschah«, erklärte ich ihnen.

»Das war auch das einzige, was sie tun konnten. Wir haben da unsere Erfahrungen!« antwortete die eine. »Ich habe einmal in einem Kreis mit einem negativen Medium von unsichtbarer Hand eine Ohrfeige bekommen. Das hat sehr weh getan.«

»Woher weiß man, daß es sich um ein negatives Medium handelt?« fragte jemand.

»Vorher kann man es nicht wissen«, lautete die Erklärung. »Man merkt es erst, wenn etwas geschieht, das offenbar von negativen jenseitigen Elementen bewerkstelligt wird.« Ich nickte. Dann hörte ich Harris zu Ted sagen, daß Mary als Materialisationsmedium offenbar große Fähigkeiten habe, sie solle aber eine Zeitlang mit derartigen Versuchen aussetzen und sie erst wieder aufnehmen, wenn sie von der anderen Seite eine gute Führung erhalten habe. Sie müsse beschützt und beobachtet werden. Auch dürfe sie ihre Versuche nicht in jedem beliebigen Kreis vornehmen, sondern nur unter Kontrolle erfahrener Spiritualisten. Dann würde sie nach einiger Zeit sicherlich imstande sein, der Menschheit und der geistigen Welt große Dienste zu leisten.

In der folgenden Zeit hatten wir noch viele wundervolle Erlebnisse in Charles' und Bettys Haus. Nie wieder wurden wir durch störende, negative jenseitige Kräfte in Schrecken versetzt.
Eines Nachts schwebte nach einigen Minuten in unserem Kreis mit Harris die Trompete über unseren Köpfen empor. Sie lag ganz ruhig und glitzernd in der Luft. Das Mondlicht tauchte sie in mystisches Mattsilber. Mitten im Raum erklang ein wundervoller feierlicher Chor, der nur aus Männerstimmen bestand. Es war eine sehr eindrucksvolle Musik, die sich wie eine Mischung von Bach und Verdi anhörte, aber noch viel intensiver war und aus dem Äther zu kommen schien. Der Text war lateinisch: »Et cum collegio sacro sancto ...« Das übrige konnte ich leider nicht verstehen. Es war ein feierlicher Choral. Ich erinnerte mich, einmal im Kloster St. Florian in Oberösterreich ein Hochamt auf der dortigen Bruckner-Orgel gehört zu haben. Diese Stimmen klangen so ähnlich, nur viel eindringlicher und noch viel schöner. Langsam verstummte der Gesang, und die

Musik verklang. Wir waren alle tief bewegt. Es dauerte einige Minuten, bis wir uns nicht nur körperlich, sondern auch seelisch und geistig wieder auf der Erde befanden. Als wir die Sprache wiedergefunden hatten, konnten wir dem Staunen und der Bewunderung ob der unvergleichlichen Schönheit dieser Musik gar nicht genug Ausdruck geben. Beim Verlassen des Raumes merkten wir plötzlich, daß ein wundervoller Duft nach Ginster und Weihrauch in der Luft hing. Betty, die erst am Ende der Sitzung zu uns gekommen war und die Musik nicht gehört hatte, nahm diesen betörenden Geruch ebenfalls sofort wahr.
Tagelang sprachen wir von nichts anderem. Wir versuchten, das Gehörte vor uns hinzusingen und zu summen. Eine Besucherin hielt die schwere Melodie sogar in Noten fest und setzte sie in klassische Musik um. Sie spielte sie für uns auf dem Klavier. Aber die Töne in unserer Welt klingen anders, nüchterner, kühler, fast blechern. Auch die Farben unserer Welt erscheinen längst nicht so schön und intensiv wie das Licht und die Farben der jenseitigen Welt. Diese Musik hatte wie vertontes himmlisches Licht geklungen, das das Dunkel um uns auf dieser Erde für eine Weile schimmernd erhellt. Wir wußten nicht, ob wir jemals im Leben wieder so etwas vernehmen würden, und waren glücklich, es einmal gehört haben zu dürfen.

Einige Tage später – wir sprachen immer noch von unserem wunderbaren musikalischen Erlebnis – wurden wir zu einer Séance außer Programm mit Marion eingeladen. Als wir in den Séanceraum traten, saßen zwei Frauen in der ersten Reihe vor dem Kabinett. Die eine war ganz in Schwarz gekleidet. Sie war sehr blaß und hatte rotgeweinte Augen. In sich zusammengesunken, wie geistesabwesend, saß sie da. Die andere hatte tröstend und stützend den Arm um sie gelegt und sprach ihr leise auf portugiesisch zu. Die beiden Frauen hatten nur kurz aufgesehen, als wir eintraten, hatten aber nichts gesagt, auch unseren Gruß kaum erwidert. Wir konnten sie jedoch gut verstehen. Betty hatte uns vorher gesagt, daß die Frau in Schwarz wenige Tage zuvor ihre achtjährige Tochter verloren hatte. Das Mädchen war von einem Auto überfahren worden. Nicht nur konnte die Mutter den Verlust ihres einzigen Kindes nicht verwinden, sondern sie machte sich auch bittere Selbstvorwürfe, weil sie meinte, auf ihre Tochter nicht genug achtgegeben zu haben. Sie hatte sich das Leben nehmen wollen. Alle Versuche ihrer Familie, sie zu trösten, hatten nicht gefruchtet. »Sie ist tot. Ich will sterben«, hatte sie immer nur tonlos wiederholt. Weil sie dachte, daß ihre Tochter tot sei, konnte sie nicht schlafen und hörte auf zu essen. Die Familie war äußerst besorgt. Der Arzt konnte nichts mehr tun. Er hatte ihr die größtmögliche Dosis an Beruhigungsmitteln verabreicht. Nun hatte er sie aufgegeben. Die Schwester der Frau besuchte jedoch seit vielen Jahren spiritistische Zusammenkünfte und war von einem Weiterleben nach dem Tod überzeugt. Sie hatte sich bemüht, der Trauernden klarzumachen, daß ihre Tochter weiterlebte und daß sie sie eines Tages bestimmt wiedersehen würde. Aber die unglückliche Mutter wollte den eindringlichen Berichten keinen Glauben schenken. Verzweifelt und von dem Wunsch beseelt, der zu Tode betrübten Schwester zu helfen, hatte die Frau schließlich Charles' und Bettys Adresse ausfindig gemacht. Nun war sie hierhergekommen, hatte auf den überaus ernsten Zustand ihrer Schwester hingewiesen und dringend um Hilfe gebeten. Betty, die immer bestrebt war, für andere da zu sein, wollte zunächst eine Séance mit Charles abhalten. Dies war aber nicht möglich, weil Charles erst tags zuvor eine Materialisationsséance gehabt hatte und sein Gesundheitszustand es ihm nicht erlaubte, solche Erscheinungen in rascher Folge zu bewirken. Marion hatte sich schließlich dazu bereit erklärt. Wir alle waren eingeladen und gebeten worden, uns darauf zu konzentrieren und dazu beizutragen, daß der armen Frau geholfen wurde. Sie bedurfte des Trostes und neuer Hoffnung. Bei ihrem seelischen Zustand konnte nur noch die »tote« Tochter helfen. Wenige Minuten nach Beginn erschien Emanuel. Er stand vollmaterialisiert lächelnd vor dem Vorhang. Nach ein paar einführenden

Begrüßungsworten wandte er sich direkt an die trauernde Mutter. »Du, Anna«, sagte er ernst, aber herzlich, »bist ausersehen, den Beweis für das Weiterleben nach dem Tod zu erhalten. Du mußt dir keine Vorwürfe machen. Das, was dir widerfahren ist, war viele Millionen Jahre vorherbestimmt.«

Aber die schwarzgekleidete Frau schaute immer noch teilnahmslos vor sich hin. Ihre Schwester hingegen schien von Emanuels Erscheinung überwältigt zu sein. Sie warf ihrer Schwester einen Seitenblick zu und konnte offensichtlich nicht verstehen, daß diese nicht ebenso bewegt war wie sie selbst.

»Teresa ist hier«, fuhr Emanuel fort. Erst als der Name des toten Mädchens gefallen war, kam Leben in das unbewegliche Gesicht der Frau. Ihre Lippen öffneten sich langsam, etwas Farbe kam in ihre Wangen. Sie richtete die Augen auf Emanuel. »Ja, sie ist hier«, wiederholte er. »Wir werden nun versuchen, sie für dich sichtbar werden zu lassen.« Er trat einen Schritt zur Seite, ging aber nicht in das Kabinett zurück, sondern blieb lächelnd stehen. Kurz darauf teilte sich der Vorhang, so daß die in Trance gefallene Marion für einen Augenblick sichtbar wurde. Ein kleines Mädchen stand im Zimmer.

»Was für ein niedliches Kind«, stellte eine der Besucherinnen gerührt fest. Das Mädchen hatte volle Wangen, eine kleine Nase und langes glattes Haar, das durch einen Stirnreifen daran gehindert wurde, ihm ins Gesicht zu fallen.

Lebhafte große Kinderaugen blickten in den Raum. »Mama, Mama«, rief die Kleine und hüpfte voll Freude wie spielend auf die Trauernde zu. Die Mutter hielt noch immer ihr Taschentuch umklammert. Das Kind berührte ihren Schoß und legte ihr die Arme um den Hals. Ein heiserer Laut unterdrückten Schluchzens entrang sich ihrer Kehle. »Teresita«, flüsterte sie, nahm das Kind in beide Arme und drückte es an ihr Herz. »Teresita!« Die Mutter strich ihr übers Haar und küßte ihre Wangen. Das kleine Mädchen war auf den Schoß der Mutter geklettert und legte ihr einen Arm um den Nacken. »Tante Conchita!« sagte es plötzlich und streckte eine Hand nach der daneben sitzenden Frau aus. »Teresita, Liebling!« murmelte die Tante und unterdrückte mühsam ihre Tränen der Rührung. »Teresita, mein Liebling«, flüsterte die Mutter. »Wo bist du nur gewesen?«
»Aber, Mama«, antwortete Teresa. »Ich war ja bei dir, du hast mich nur nicht gesehen!«
»Ja, wo warst du denn?« fragte die Frau überwältigt. »Na, wo ich immer bin, zu Hause. Ich saß neben Bärli.« Die Mutter suchte ihre Fassung wiederzugewinnen. »Und weißt du, Mama«, fuhr Teresa fröhlich fort, »dort, wo ich jetzt zur Schule gehe, das nennt man Sommerland. Ich muß viel lernen«, sagte sie mit ein wenig Bedauern. »Aber ich habe viele Kameraden, und wir spielen wunderschöne Spiele.«
Sehr ernst und nachdenklich betrachtete die

Mutter ihre Tochter. »Es ist also wahr«, sagte sie zögernd. »Ja«, sagte Teresa. Conchita nickte. »Ich muß jetzt gehen. Bitte, Mama, weine nicht mehr.«
»Bist du denn glücklich, Teresa?« fragte die Mutter und wollte sie festhalten.
»O ja«, antwortete das Mädchen fröhlich. Es glitt vom Schoß der Mutter, küßte sie auf die Wange, hüpfte an Emanuel vorbei, der die ganze Zeit im Raum gestanden hatte, und verschwand. Emanuel trat nun vor Conchita hin und nahm ihre beiden Hände in die seinen. Er schaute sie tiefgründig an und sagte: »Du und Anna, ihr habt nun den Beweis für das Weiterleben nach dem Tod erhalten. Aber dadurch ist euch auch die Aufgabe übertragen worden, eure Überzeugung an viele Menschen weiterzugeben und ihnen so in ihrem Erdenleben das Kreuz tragen zu helfen.«
Conchita nickte. »Ja«, sagte sie und drückte die Hand ihrer Schwester. Emanuel wandte sich an Anna, sah sie lange an, nickte ihr zu und verschwand.
Nach dieser überaus eindrucksvollen Demonstration verließen wir schweigend den Raum. Anna kam auf Betty zu, hinter ihr Conchita. Sie wollte von Betty wissen, wem sie es zu verdanken hatte, daß sie ihre Tochter hatte sehen und sprechen können. »Danken Sie Gott, daß es möglich war«, sagte Betty. Sie drückte Anna beide Hände und lächelte teilnahmsvoll.
Anna fragte weiter, wieso das heute abend nur

hier hatte geschehen können. Betty erklärte ihr, daß Marion das Materialisationsmedium gewesen war. Anna wollte nun unbedingt zu ihr, um mit ihr zu sprechen. Betty bedauerte. Sie versuchte Anna verständlich zu machen, daß derartige Séancen für Medien eine sehr große Anstrengung bedeuten und daß sie sich deshalb danach sofort zurückziehen. Aber, fügte sie hinzu, Marion würde sich sicherlich sehr freuen, später Annas Bekanntschaft zu machen. Anna lächelte. Es war das erste Lächeln auf ihrem Gesicht seit dem tragischen Unfall ihrer Tochter. »Danke!« sagte sie. Sie hatte ihr Taschentuch immer noch in den Händen, weinte aber nicht mehr. Ihre Augen lagen tief umrandet in den Höhlen, und ihre Lippen waren immer noch farblos. Aber ihr ganzes Gesicht hatte mehr Ausdruck bekommen. Sie schien an ihrer Umgebung wieder Anteil zu nehmen.

Als ich am nächsten Tag die Halle betrat, stand neben der Empfangsloge, in der Margerita saß, ein riesiger Korb mit wundervollen Blumen. Inmitten der Blüten stak eine weiße Karte mit goldenem Rand. Ich las: »Für Marion von Teresita. In tiefer Dankbarkeit gewidmet von Anna.«

Tote kehren zurück

Als wir eines Abends zu unserer Freitagsséance bei Betty und Charles zusammenkamen, fühlten wir alle, daß heute etwas ganz Besonderes geschehen würde. Die Spannung war geradezu atemraubend, und wir beeilten uns, im Séanceraum auf unsere Plätze zu gelangen. Es war eine Vollmondnacht. Wir hatten die Vorhänge zurückgezogen, und das silberne Mondlicht fiel herein. Nachdem sich unsere Augen an diese Beleuchtung gewöhnt hatten, beschlossen wir, die Séance ohne sonstige Beleuchtung abzuhalten. Charles nahm in seinem Stuhl im Kabinett Platz. Nachdem Betty sorgsam alle Türen verschlossen hatte, begannen wir unsere Sitzung mit einem Gebet. »In Your name, if it is Your will, please help us, Spirit Divine«, schloß Harris erhobenen Hauptes mit gefalteten Händen. Betty schaltete das Tonband ein. Leise Musik ertönte. Wir sangen drei Strophen unserer Hymne als Ausdruck unserer Hingebung zu Gott. Dann verklang die leise Musik. Wir hörten Charles tief und langsam atmen. Er saß ganz entspannt in seinem Stuhl, den Kopf seitlich geneigt. Er war in Trance. Marion und ihre Nichte zogen die Vorhänge auf beiden Seiten

des Kabinetts zu. Nun war gar nichts mehr zu hören. Die reglose Stille senkte sich in den Raum, so daß ich kaum mehr zu atmen wagte. Nur die hohen alten Bäume vor dem Fenster wiegten sich schwarz und majestätisch im Wind. Meine Hände waren vor Aufregung eiskalt. Fröstelnd zog ich meine Wolljacke enger um die Schultern. Ich dachte an unsere letzte Séance. Wir alle konnten an nichts anderes denken. Wir waren zwölf Teilnehmer und dachten fühlbar an die letzte Nacht. Fünfzehn materialisierte Geister hatten wir gesehen und gesprochen, ihre Hände geschüttelt, ihre Botschaften empfangen. Wer würde heute zu uns kommen? Ich beobachtete gespannt den Vorhang. Auch die Augen der anderen Anwesenden waren darauf gerichtet. Aber nichts bewegte sich. Ich wartete darauf, den milchig-silbrigen Ball in der Mitte des Vorhangs flimmern zu sehen, in dem sich allmählich die Züge Dr. Karl Klingers, des Kontrollgeistes von Charles, abzeichnen würden. Doch nichts geschah. Leise Enttäuschung und bange Zweifel überkamen mich. Am Ende würde heute gar nichts geschehen?
Das konnte doch nicht sein. Dr. Klinger und seine Assistentin Sonja hatten uns versprochen, die ganze Séance über anwesend zu sein. Auch von Dirk war die Rede gewesen, unserem jenseitigen Helfer, der sich einmal selbst materialisiert und jedem Séanceteilnehmer freundlich seine vollausgebildeten Hände gereicht

hatte. Ich sah auf den Parkettboden vor mir. Ich hatte in den heutigen Abend besonders große Hoffnungen gesetzt. Ich wünschte mir so sehr, daß diesmal jemand auch zu mir kommen würde. Aber ich wußte, daß ich Geduld haben mußte. Geduld muß man bei derartigen Erlebnissen lernen und kultivieren. Trancemedialität und Materialisationserscheinungen begegnen einem in der Regel nicht unvermittelt. Es kann viele Jahre dauern, bis sich diese Erscheinungen in einem Zirkel entwickeln. Sonja hatte versucht, uns zu erklären, welch harte Arbeit und welch enorme mediale Kraft dafür erforderlich sind.

Das Licht des großen Vollmondes fiel durch die Fenster, so daß die Umrisse des Kabinetts gut sichtbar waren. Die Vorhänge reichten nicht ganz bis zum Boden. Ich sah im Zwischenraum eine halbtransparente weiße Substanz über den Boden fließen. Nach einer Weile ertönte Dirks Stimme von beiden Seiten außerhalb des Kabinetts: »Wir haben die Mikrophone nun aufgebaut. Ihr könnt uns hören. Laßt bitte die Vorhänge nicht so weit offen. Es ist hier viel zu hell. Wir hatten große Mühe, alles aufzubauen.«

Harris stand auf und zog die Vorhänge an allen vier Fenstern halb zu. Nachdem er sich wieder gesetzt hatte, erschien Dr. Klinger vollmaterialisiert vor dem Vorhang. Er begrüßte lächelnd die Teilnehmer, die er als seine lieben Freunde bezeichnete. Er dankte allen, daß sie gekommen waren. Auch die Zweifler – er blickte in meine Richtung – sollten ihre Beweise für ein Leben nach dem Tode erhalten. Der Magen zog sich mir vor Aufregung zusammen, als er plötzlich den Vorhang zur Seite schob und Charles sichtbar wurde. Bewegungslos, ohne seine Haltung in irgendeiner Weise geändert zu haben, saß er da. Das Ektoplasma entströmte seiner Nase, seinem Mund, kam aus dem Solarplexus und von seinen Händen. Fünf Schritte entfernt stand die vollmaterialisierte Gestalt Dr. Klingers, der alle Anwesenden fragte, ob sie Charles und ihn deutlich sehen konnten, als Zeichen dafür, daß er und Charles zwei verschiedene Personen mit getrennter Identität waren. »O ja«, antworteten einige von uns in atemloser Bewegung. »Es ist wunderbar«, fügten sie hinzu. Andere nickten nur in stummer Überwältigung. Dr. Klinger schaute noch einmal lächelnd auf uns; dann verbeugte er sich leicht, drehte sich um und ging in das Kabinett zurück, wobei deutlich zu sehen war, daß auch sein Rücken und der Hinterkopf voll ausgebildet waren. Kurz darauf erschien eine brasilianische Tänzerin. Sie sagte, sie heiße Manuela und gehöre zu Dido. Einer der Séanceteilnehmer, ein Mann von ungefähr vierzig Jahren, wurde unruhig. Er stand auf, als wollte er eine halbe Verbeugung vor der erschienenen Gestalt machen. Später sagte er uns, er heiße Dietrich, Dido sei sein Kosename, und er habe Manuela tatsächlich gekannt.

Er habe aber bis zu diesem Augenblick nicht gewußt, daß sie gestorben sei.
Manuela hatte stark negroide Züge. Sie war im irdischen Leben eine Farbige gewesen, wie uns Dido später erklärte. Manuela lachte. Hinter ihren wulstigen Lippen zeigten sich regelmäßige große Zähne. Sie trug ein kurzes, weißleuchtendes Kleid mit mehreren reichen Volants, das weich fließend ihre wunderschöne, ebenmäßige Gestalt umspielte. Sie hob die Arme und drehte sich anmutig tanzend. Erst jetzt bemerkten wir, daß sie Kastagnetten in den Händen hielt, mit denen sie einen feurigen schnellen Rhythmus angab. Es war eine Art Samba, zu dem sie sich immer schneller drehte. Gleichzeitig sprach sie scherzend mit Dido in gebrochenem Deutsch. Kokett ließ sie ihren Rock in der Drehung über seine Schenkel streifen und sagte, er solle sie untersuchen, um festzustellen, daß sie tatsächlich einen vollständigen weiblichen Körper habe. »Phantastisch«, sagte Dido, »es ist wirklich ganz und gar unglaublich.« Manuela stand auf, neigte sich zu Dido und gab ihm einen zarten Kuß auf die Wange. Nunmehr erklang Dr. Klingers Stimme hinter dem Vorhang. Er hatte einen weichen Bariton, jedenfalls klang seine Stimme viel tiefer als die des Mediums Charles. Er erklärte uns, daß er um unsere Zweifel wisse und unsere Diskussion gehört habe, ob es in der jenseitigen Welt tatsächlich geschlechtliche Unterschiede zwischen Mann und Frau gäbe. Wir waren sehr

überrascht. Aber es stimmte. Zwischen einigen Teilnehmern hatte vor ein paar Tagen ein Gespräch stattgefunden, in dem darüber sehr unterschiedliche Meinungen geäußert worden waren. Manuela stand nun mitten vor dem Vorhang des Kabinetts. Da der Mond von Wolken bedeckt zu sein schien und im Raum keinerlei Licht mehr war außer dem an sich leuchtenden Ektoplasma, aus dem sich die Phantome bildeten, sagte Dr. Klinger, wir sollten die rote Lampe über dem Kabinett anzünden, aber ein Taschentuch darüberhängen, damit das Licht nicht zu stark wurde. Harris stand sofort auf und drehte an der kleinen Lampe über dem Vorhang, bis sie aufleuchtete. Während der ganzen Zeit stand Manuela vor dem Vorhang und sprach mit Dido. Sie sagte ihm, daß sie sehr oft nach ihm sehe. Meistens sprach sie aber Portugiesisch, das wir nicht alle verstehen konnten. Aber Dido beherrschte die Sprache und erzählte uns später, daß er Manuela damals, als er sie kannte, einige deutsche Sätze beigebracht habe.
Manuela kam nun zu dem Hauptzweck ihrer Aufgabe als materialisierter Geist. Sie wollte uns beweisen, daß sie auch nach ihrem physischen Tod Frau geblieben war. Langsam schob sie ihren Rock hoch. Ohne jeden Zweifel hatten wir eine nackte weibliche Gestalt vor uns. Erst jetzt ging mir auf, daß die ältere Dame, die neben mir in der ersten Reihe saß, Italienerin sein mußte. Sie legte die rechte Hand auf die

Brust und rief: »O Dio mio, non é possibile!« Sicher hatte sie in dieser Séance alles andere als eine nackte Tänzerin erwartet. Aber die Sache diente zwei guten Zwecken: Wir wußten nun, daß in der jenseitigen Welt tatsächlich zwischen Mann und Frau unterschieden wird, und wir wußten auch, daß Charles, das Trancemedium, ein Mann war. Charles war vor der ersten Séance von zwei männlichen Teilnehmern nackt untersucht worden; ebenso waren seine Kleider, der Stuhl, auf dem er saß, das Kabinett selbst sowie der Séanceraum in bezug auf Trickmöglichkeiten geprüft worden. Charles hatte sich seit der Untersuchung nicht verändert. Zweifellos war er immer noch ein Mann, er konnte sich nicht in eine nackte Frau verwandelt haben.

Auch die größten Skeptiker unter uns standen vor einem unlösbar scheinenden Rätsel. Sie hatten sich von ihrer Überraschung noch nicht erholt, als ohne jede Ankündigung ein älterer dicker Mann aus dem Kabinett trat, zu einem der Anwesenden in der zweiten Reihe ging und zu ihm sagte: »Ich gehöre zu dir.«

»Wie kannst du zu mir gehören?« antwortete spöttisch lachend der Séanceteilnehmer.

»Doch«, beharrte der erschienene Geist ganz ruhig. »Du kennst mich nicht, du hast nur einmal eine Fotografie von mir gesehen. Ich bin der Onkel deiner Frau, der verstorbene Bruder ihres Vaters.« Dann bestellte er in fließendem Deutsch einige persönliche Grüße und besprach mit ihm familiäre Angelegenheiten. Wir wußten aber alle, daß Charles nur Englisch und Portugiesisch sprach. Der Jenseitige trug dem Séanceteilnehmer Grüße an verschiedene Familienmitglieder auf, die er offensichtlich alle kannte. Der Spötter war sehr still und nachdenklich geworden. Schließlich drehte sich der Geist um und verschwand hinter dem Vorhang.

Wieder meldete sich Dr. Klinger, Charles Kontrollgeist. »Wir wissen«, sagte er, »daß wir heute Gäste haben, die von weither gekommen sind, um ihre geliebten Verstorbenen wiederzusehen.«
Ein wenig Hoffnung keimte in mir auf. Immerhin war ich aus Österreich nach Brasilien gekommen. Vielleicht meinte Dr. Klinger mich und kündigte mir jemanden an, der mit mir sprechen wollte. Meine Hoffnung wich jedoch bald der Enttäuschung, denn vor dem Vorhang erschien ein mittelgroßer Chinese und wandte sich an Pat, die aus Australien hierhergekommen war. Er verneigte sich vor ihr und sagte, er sei Sun Chan (ich konnte seinen Namen nicht genau verstehen). Pat antwortete: »Good evening, Sun Chan. I am very pleased to see you.« Sie sagte auch, Kathleen, das Medium in Melborune, wo Pat lebte, habe ihr eine Begegnung mit Sun Chan vorausgesagt und ihr mitgeteilt, daß Sun Chan mit Pats verstorbenem Mann George zusammen sei.

Sun Chan nickte und antwortete, die jenseitigen Freunde versuchten alles, um George für Pat materialisieren zu lassen. Er lächelte die ganze Zeit, während er sprach, bewegte aber weder die Augen noch den Kopf. Wenn er sich vor Pat verneigte, was er mehrmals tat, verbeugte er sich mit dem ganzen Körper. Auch sein Mund bewegte sich beim Sprechen kaum. Er hatte einen schmalen, leicht gezwirbelten, schwarzen Oberlippenbart und einen langen, dünnen Kinnbart. Auf dem Kopf trug er einen flachen, viereckigen schwarzen Hut, und seine ganze leuchtende Gestalt war in einen schwarz-gold gemusterten Mantel gehüllt. Seine Gesichtsfarbe war nicht leuchtend weiß, sondern leuchtete eher gelblich. Besonders hervorstechend waren seine stark ausgeprägten Backenknochen. Er verbeugte sich nochmals, drehte sich dann langsam um und ging wieder hinter den Vorhang.
Nach ihm erschien die zittrige Gestalt eines alten Mannes. Seine stark umschatteten Augen lagen in tiefen Höhlen, die Wangen waren eingefallen und seine Haut runzlig. Er sah sehr leidend aus. Offenbar von Sun Chan gestützt, streckte er die mageren Arme nach Pat aus, hob den Kopf und sagte mit merkbar großer Anstrengung: »O Pat, how nic to see you, how nice.« Sein Adamsapfel rückte auf und ab, während er sprach. Danach sank er zusammen und verschwand. Pat fing hemmungslos zu weinen an. »O Georgie«, rief sie schluchzend,

»please don't go away.« Aber es meldete sich nur noch die Stimme des Kontrollgeistes Dr. Klinger, der bedauerte, Georgie nicht länger halten zu können. Es ging ihm in der jenseitigen Welt offensichtlich noch nicht so gut. Darüber wurde uns aber an diesem Abend nichts gesagt.
Gleich darauf meldete sich Dirk, der uns eine junge Pianistin ankündigte. Ich bemerkte, daß sich das Schweizer Ehepaar, das am anderen Ende der zweiten Reihe saß, vorneigte und gespannt auf den Vorhang blickte. Die Frau drehte nervös an ihrem Taschentuch, der Mann drückte ihr beruhigend die Hand. Sie flüsterte ihm etwas zu, aber im selben Augenblick öffnete sich der Vorhang. Ein junges Mädchen mit langem braunem Haar erschien. Sie trug ein einfaches, langes weißglitzerndes Kleid. Sie war schlank und mittelgroß. Sie ging auf das Ehepaar zu, das sich rasch erhoben hatte und die Arme nach der Tochter ausstreckte. »Tania«, flüsterte die Frau und preßte das Taschentuch auf den Mund, um ihre Rührung zu unterdrücken, als das Mädchen den Vater umarmte. Während sich die Eltern eine Weile mit ihrer »toten« Tochter unterhielten, meldete sich im Hintergrund wieder Dirks Stimme, der uns mitteilte, daß das junge Mädchen in der Lage sei, für ihre Eltern etwas auf dem Klavier zu spielen. Wir drehten uns um und blickten neugierig auf das Klavier im Hintergrund des Raumes. Harris stand sofort auf und öffnete den

Deckel, so daß die weißleuchtenden Tasten des Instruments sichtbar wurden. Er wollte sich nach einer einladenden Handbewegung zu der Pianistin wieder setzen, als Dirks Stimme abermals ertönte und ihn bat, auch den Deckel über den Saiten des Klaviers zu öffnen. Harris tat auch dies. Das Mädchen ging Arm in Arm mit den Eltern zum Klavier. Es setzte sich auf den Schemel, ihre Eltern blieben hinter ihm stehen. Die Mutter legte liebevoll den Arm um seine Schultern, und ihre Wange berührte zärtlich sein Haar wie so oft zu Lebzeiten ihrer Tochter. Das junge Mädchen begann tatsächlich zu spielen. Einige Minuten lang bewegten sich die Hände der Pianistin ganz normal über die Tasten, die auf und nieder gingen. Es klang nach Liszt. Dann spielte sie das Frühlingsrauschen mit Hingebung. Sie wiegte ihren Körper im Rhythmus und trat die Pedale. Die Eltern standen nun einen Schritt hinter dem Mädchen, als es plötzlich nicht mehr zu sehen war. Die Tasten bewegten sich aber weiter, die Musik erklang ohne Unterbrechung in vollem Ton, jetzt von unsichtbaren Geisterhänden hervorgerufen. Als die Musik endete, weinte die Frau bitterlich. Während sie das Taschentuch vors Gesicht hielt und von ihrem Mann zu ihrem Platz zurückgeführt wurde, ertönte Doktor Klingers Bariton, der sich entschuldigte, daß das Mädchen vor der Zeit für uns unsichtbar geworden war. Sie war nicht mehr genügend gestützt, die Energie war durch das hingebungsvolle Spiel verbraucht worden, bevor ihr neue zugeführt werden konnte. Hierauf teilte er uns mit, daß für heute keine Verkörperungen mehr zu erwarten seien. Er versprach uns aber, morgen abend wieder die ganze Séance über anwesend zu sein. Auch Dirk und Sonja verabschiedeten sich schnell. Dann war nichts mehr zu hören. Die geistigen unsichtbaren Mikrophone waren offenbar abgestellt worden. Wir bedankten uns einstimmig für die geistige Hilfe und Unterstützung. Hierauf stand Harris auf und beendete die Séance mit dem Dankesgebet. Danach gingen wir alle in die Bibliothek, wo warme Getränke und belegte Brote auf uns warten.

Marion und Betty hatten den aus der Trance erwachten Charles sofort mit bereitgestelltem Tee versorgt. Er trank ein großes Glas mit einen Zug rasch aus und ging dann in sein Zimmer, ohne ein Wort über den Verlauf des Abends zu verlieren.

In der Bibliothek hingegen war das Gespräch in vollem Gange. Aufgeregte Stimmen in verschiedenen Sprachen waren zu hören. Ich setzte mich etwas abseits und lauschte den verschiedenen Meinungen, die für und gegen die Erscheinungen des heutigen Abends sprachen. Seltsamerweise hatte niemand etwas gegen die Echtheit der materialisierten Wesenheiten vorzubringen. Alle, ganz besonders Manuela, waren ungeheuer eindrucksvoll und überzeugend gewesen. Das fand ich natürlich auch. Dennoch

war ich betrübt und enttäuscht. »Ich bin nicht hergekommen, um nackte Frauen zu sehen«, meinte ich. »Es ist mir im Augenblick sogar ziemlich gleich, ob es auch im Jenseits den Unterschied zwischen Mann und Frau gibt. Ich habe schließlich meine große Reise gemacht, um mit meinen lieben Verstorbenen sprechen zu können.« Nichts wünschte ich mir in diesem Augenblick sehnlicher.
»Manuela war wirklich eine Sensation in der Geschichte der paranormalen Phänomene«, sagte jemand laut und begeistert neben mir.
»Ich brauche keine Sensationen«, dachte ich verbittert, »ich bin nur gekommen, um mit einem meiner Lieben, die schon seit vielen Jahren nicht mehr auf dieser Erde leben, zu sprechen.« Ich war fest entschlossen, mich von nichts anderem überzeugen zu lassen. »Wenn doch mein Opa käme«, dachte ich wehmütig. »Seit 22 Jahren habe ich ihn nicht mehr gesehen. Aber ich würde ihn zweifellos wiedererkennen, an seiner Art zu sprechen. Wenn ich schon das Glück hatte, in diesen Zirkel Einlaß zu finden, was gar nicht so leicht gewesen war, warum kommt dann niemand für mich?« fragte ich mich immer wieder.
In diesem Augenblick setzten sich eine ältere Dame und ein Herr zu mir. Sie sprachen Englisch. »Is your tea allright, Sweety?« fragte der Mann seine Frau. Dann erkundigten sie sich, ob ich Englisch könne. Ich bejahte.

»Sind Sie zum erstenmal hergekommen?« fragte mich der Mann.
»Ja, ich bin zum erstenmal hier«, antwortete ich.
»Wir sind schon zum fünftenmal hier. Wir stammen aus England. Wir haben niemanden mehr hier auf der dieser Welt. Da wir keinen anderen Zirkel mit einer solchen medialen Kraft für Materialisationen kennen, dachten wir schon daran, uns hier anzusiedeln, um regelmäßig an den Abenden im Zirkel teilnehmen zu können. Nicht war, Darling?«
Der Mann nickte und musterte mich. »Sie sehen allerdings nicht sehr überzeugt aus«, sagte er nachdenklich.
»Um ehrlich zu sein, ich bin es nicht«, antwortete ich. Ich war entschlossen, meiner Enttäuschung freien Lauf zu lassen. »Ich finde es ein bißchen kitschig.«
»Kitschig?« Er zog verwundert die Brauen hoch. Die Frau schwieg.
»Das Ganze erinnert mich irgendwie an mein Kasperltheater, das ich als Kind besessen habe. Ich kann mir auch nicht vorstellen, daß es sich bei den erschienen Geistern tatsächlich um Verstorbene handelt, die für ein paar Minuten wieder lebendig werden.«
»Und wie, glauben Sie, kommen diese Erscheinungen zustande?« fragte er mich.
»Das weiß ich nicht«, gab ich zu. »Aber wenn die Erscheinungen echt wären, dann würde doch auch jemand zu mir kommen. Jemand aus

meiner Familie, jemand von den Verstorbenen, die ich gut gekannt habe, und die ich zweifellos wiedererkennen würde. Auch nach so langer Zeit.«

Der Mann lächelte. Langsam schien er mich zu verstehen. »Aber Sie haben doch gesehen, daß hier sehr viele geliebte Verstorbene, deren Verlust von den Hinterbliebenen bedauert wird, zu ihren Lieben zurückkommen.«

»Ja, das habe ich gesehen«, sagte ich. »Aber ich kann ihre Identität nicht überprüfen und es daher nicht beurteilen. Schließlich habe ich diese Menschen zu ihren Lebzeiten nicht gekannt.«

Die Frau hatte ihren Tee ausgetrunken. »Dann wünschen wir Ihnen viel Glück für die nächsten Tage und für die nächsten Zirkel. Sehen Sie, hier kommen immer so viele Leute aus aller Welt zusammen, vom gleichen Wunsch beseelt wie Sie. Das letztemal war jemand hier, der schon dreimal umsonst gekommen war, um den verstorbenen Vater zu sprechen. Nicht wahr, Darling?«

Der Mann nickte wieder. »Well, good luck for you«, sagte er und stand auf. Ich stand ebenfalls auf.

»Ich gehe auch«, sagte ich.

Obwohl es schon nahezu Mitternacht war, saß Margarita immer noch in der Empfangsloge des Hauses. Ich bat sie, mir ein Taxi zu rufen. »In welches Hotel wollen Sie?« fragte sie mich.

»Ins Sheraton«, antwortete ich. Sie nickte und

ging zum Telefon. »Nehmen sie inzwischen hier Platz«, sagte sie und wies auf einen altehrwürdigen Armstuhl, der mit dunkelrotem Velour überzogen war. Bald darauf knirschte der Kies in der Auffahrt des Hauses. Jemand drückte auf die Hupe des vorgefahrenen Wagens. »Ihr Taxi«, sagte Margarita. Ich ging hinaus in die laue Tropennacht dieser Großstadt. Aus dem Wagen tönte Musik. Es klang wie Orpheu Negro. Als der Fahrer die Straße hinunterfuhr, sah ich, wie sich im dunklen Mitternachtsblau die Lichter des Hafens im Meer spiegelten. Leuchtreklamen und von überallher laute Stimmen pulsierten durch die warme Nachtluft. Wohlig lehnte ich mich in den Sitz des Wagens zurück und öffnete ein wenig das Fenster. Die Wärme von draußen umfing mich. Ich hatte plötzlich das Gefühl, der Erde wiedergegeben zu sein. Erst jetzt wurde mir bewußt, wie steif und kalt eigentlich alles in Charles' Haus während der Séance abgelaufen war, trotz Manuelas Darbietungen. Blitzschnell lief der vergangene Abend nochmals wie ein Film vor meinen Augen ab. Die eisige dunkle Stille, die so lange andauerte, dann Dr. Klinger, Manuela, der verstorbene Onkel, Sun Chan, Georgie, der zittrige alte Mann und die junge Pianistin. Ich überprüfte kritisch den Ablauf des Abends. Aber ich fand keinen Anhaltspunkt für die Unechtheit der Erscheinungen. Ich wunderte mich nur, wie das alles möglich war. Ich war tatsächlich mit dem erstaunlichsten Phänomen menschlicher Me-

dialität in Berührung gekommen, mit der Materialisation. Man konnte seine geliebten Verstorbenen wirklich sehen, hören, berühren, umarmen. Sie schienen so fest und reell zu sein wie physische Körper. Offensichtlich unterschieden sie sich in gar nichts von dem, was sie auf Erden gewesen waren. Ich beschloß, auf jeden Fall am nächsten Abend wieder hinzugehen. Es mußte mir einfach gelingen, jemanden aus meiner Familie zu sprechen und zu berühren. Erst dann würde ich vollkommen überzeugt sein. Ich erinnerte mich, daß Betty gesagt hatte, morgen werde Marion an der Reihe sein, in Trance zu fallen. Vielleicht würde es dann möglich sein.
Inzwischen hatten wir mein Hotel erreicht. Ich ging zu Bett und machte das Licht aus. Die Leuchtreklame der Neonröhren warfen ihren Lichtschein an die Wand. Ich starrte zur Decke empor. Ich sah Manuela tanzen, Sun Chan sich verbeugen, die Pianistin spielen und verschwinden. Alles lief wie ein Film immer wieder vor meinen Augen ab, bis ich endlich einschlief.

Als Marion am folgenden Abend in Trance fiel, kam ich endlich mit meinen geliebten »Toten« in Berührung. Zunächst verlief alles wie immer. Marion fiel unmittelbar nach Beginn in Trance. Ihr Kontrollgeist Emanuel meldete sich und hielt eine kurze Ansprache, ohne jedoch sichtbar zu werden. Auch Dr. Klinger

erklärte kurz danach mit seinem unverkennbaren weichen Bariton, daß er hier sei und darauf achte, daß alles ungestört ablaufen könne. Aber, so sagte er weiter, er wolle nicht versäumen, uns vor unerwünschten Eindringlingen zu warnen. Er bat besonders Betty nachdrücklich, die Kontrollen zu verschärfen und keinen Unbekannten einzulassen, dessen Identität und gute Absichten nicht genau überprüft worden seien. Betty nickte ernst und nachdenklich und sagte laut, zum Vorhang des Kabinetts gewendet: »Ja, ich werde es nicht vergessen, und ich werde mir Mühe geben.« Sie senkte in ihrer bescheidenen, anmutigen Art den Kopf, und Dr. Klingers Stimme verstummte. Danach erschien die Gestalt einer vollmaterialisierten älteren Frau vor dem Vorhang. Ihr volles Gesicht hatte weiche, vornehme Züge. Das Haar hatte sie im Nacken zusammengerollt. Der runde Kragen des weißen Kleides, das sie an hatte, endete in einem kleinen Ausschnitt. Sie streckte ihre erkennbar gepflegten Hände aus, wobei sie sich zum Fenster wandte und auf eine dort sitzende junge Engländerin zuging. »Maggie«, sagte sie zärtlich zu ihr, »ich bin es, deine Tante Marjorie.«
»Tante Marjorie.« Die Stimme der jungen Engländerin überschlug sich vor Aufregung, und ihre Augen nahmen einen ängstlich neugierigen Ausdruck an, als sie ihre Tante umarmte, die erst kürzlich verstorben war, wie sie uns später erzählte.

»Maggie«, sagte die Tante zu ihr, »du hast einen Freund, aber der junge Mann ist nicht für dich bestimmt. Er war schon einmal drogenabhängig.«
Maggi sah ihre Tante erstaunt an. Dann senkte sie die Augen und schluckte leer. »Ja, ich weiß«, antwortete sie leise. »Ich wußte auch, daß er dir nicht gefallen würde.«
Die ältere Dame lächelte. »Gib gut acht auf dich, und laß deine Schlüssel nicht immer herumliegen. Wenn du wieder einmal nach Hause kommst, wirst du auf der Straße stehen und nicht in deine Wohnung können, weil du deine Schlüssel nicht hast.«
Das junge Mädchen lächelte beschämt. Als sich die Gestalt verabschiedete, gab sie ihm einen zarten Kuß auf die Wange, ehe sie verschwand.
Ich war gerührt von dieser liebevollen Szene, die soviel Besorgtheit unserer jenseitigen Freunde um uns Menschen hier auf Erden ausdrückte, so daß ich erst jetzt gewahr wurde, daß schon eine neue Gestalt aus dem Kabinett vor den Vorhang getreten war. Es war ein schlanker, mittelgroßer älterer Herr mit Oberlippenbart. Er kam auf mich zu, trat vor mich hin und sagte nur ein Wort: »Opa.« Dabei betonte er das »a« am Ende des Wortes, wie er es auch im Leben getan hatte, als ich noch ein kleines Kind war. Ich betrachtete ihn genau. Er hatte helle Augen und schwarzes glattes Haar. Auch seine Nase war so markant wie zu sei-

nen Lebzeiten. »Opi!« rief ich. Ich war so aufgeregt und freudig überrascht, daß ich nichts mehr sagen konnte.
»Anna, meine zweite Frau, war zwanzig Jahre jünger als ich, aber sie starb vor mir«, sagte er. Dieses Ereignis in meiner Kindheit war zwar lange her, aber ich hatte es nicht vergessen. Offensichtlich wollte mir mein Großvater seine Identität beweisen. Ich hatte aber gar nicht das Gefühl, daß dies nötig sei. »Aber ja, Opi«, sagte ich, »das weiß ich doch.« Natürlich konnte niemand hier im Raum, ebensowenig wie das Medium, das ich persönlich gar nicht kannte, etwas von diesem Vorfall in meiner Familie wissen.

Das hagere Gesicht meines Großvaters war ernst. »Ich bin dein Schutzgeist, ich beschütze dich, und ich bin immer bei dir.«
Das rührte mich so sehr, daß mir die Tränen über die Wangen liefen. Mit einer raschen, beschämten Handbewegung wischte ich sie weg. »Opi«, sagte ich entschlossen, »ich hätte ein paar Fragen an dich.« Er nickte. »Ist es wahr, daß ihr Jenseitigen Gedanken lesen könnt?« Er nickte wieder. »Wenn du immer bei mir bist, dann kennst du auch mein Hauptproblem.«
»Ja, ja«, sagte er. »Opi«, fragte ich, vor Neugier brennend, »werde ich das, was ich mir so sehnsüchtig wünsche, jemals bekommen?« Ich sprach das, was ich mir zu dieser Zeit so sehr wünschte, absichtlich nicht aus, dachte aber

intensiv daran, daß die Geister unsere Gedanken lesen könnten.

»Ja«, antwortete er ernsthaft. »Du wirst es bekommen, aber du wirst es dann nicht mehr wollen!«

»Aber Opi«, rief ich überzeugt, »ich *das* nicht mehr wollen?«

»Du wirst es bekommen, aber du wirst es nicht mehr wollen«, beharrte mein Großvater. Tiefgründig und nachdenklich lächelnd strich er mir mit seiner maskulin geformten Hand übers Haar. Es fühlte sich genauso an wie zu seinen Lebzeiten.

Zwei Jahre später sollte das, was mir mein Großvater gesagt hatte, sich bewahrheiten.

»Ida ist auch hierhergekommen«, erklärte er, »sie möchte, daß du sie siehst.«

Meine Tränen begannen erneut zu fließen. Ida war die Tochter meines Großvaters, die Schwester meines Vaters gewesen. Sie starb im selben Jahr, in dem ich geboren wurde. Ich kannte sie nur von einigen Fotografien, die meine Großmutter aufbewahrt hatte. Aber wenn ich als Kind eins ihrer Bilder betrachtete, fühlte ich mich zu ihr besonders hingezogen. Es war mir immer, als hätte ich sie gekannt.

Mein Großvater kehrte in das Kabinett zurück, und eine junge Frau erschien, die eindeutig die Züge meiner Tante Ida hatte. »Tante Ida«, dachte ich bestürzt. Es war mir bis zu diesem Augenblick unvorstellbar gewesen, daß ich sie jemals vor mir sehen würde. Trotzdem erkann-

te ich sie sofort. Ihre hellen Augen leuchteten im Dunkel des Raumes. Sie lachte mich liebevoll an, während sie auf mich zukam. Ich wollte aufstehen, doch ich konnte einfach nicht. Sie lächelte immer noch und schaute mich an. Ungläubig und zaghaft versuchte ich zurückzulächeln, aber ich mußte mir erneut die Tränen aus dem Gesicht wischen. Die blonden Haare meiner Tante umspielten in sorgfältig gelegten Wellen ihr Antlitz. Ich hätte gern etwas gesagt, aber ich wußte nicht, was.
Meine Tante legte ein kleines weißes Taschentuch in meinen Schoß, das sich wie Seide anfühlte. Als ich es später eingehend untersuchte, fand ich darauf die eingestickten Intialen I. S., die Anfangsbuchstaben, ihres Namens.
Hierauf ertönte die Stimme Emanuels, von Marions Kontrollgeist: »Diese Botschaft ist für Eva. Kannst du mich hören?«
»Ja«, antwortete ich mit leiser, vor Aufregung halb erstickter Stimme. Ich fühlte, daß meine Füße eiskalt waren und mein Herz heftig klopfte. »Ida war dein Schutzgeist, als dein Großvater noch auf Erden war. Darum ist sie dir auf den Fotografien, die du gesehen hast, immer so vertraut vorgekommen.«
Emanuel mußte meine Gedanken gelesen haben, durchzuckte es mich.
»Ida fühlt wie eine Mutter mit dir. Aber wir Geister mögen es nicht, wenn unsere Schützlinge weinen. Wir wollen sie fröhlich sehen.«
Ich nickte beschämt, war aber noch immer

nicht imstande, meine Tränen zu unterdrükken. Dies war der Augenblick gewesen, auf den ich so viele Jahre gewartet hatte. Immer hatte ich mir gewünscht, daß einmal jemand zu mir kommen würde, den ich gut gekannt hatte, damit ich seine Gestalt und seine Züge identifizieren konnte. Und ich war fest entschlossen gewesen, erst von diesem Augenblick an zu glauben, daß hier keinerlei Tricks im Spiele seien, obwohl das bei eingehender Betrachtung und genauer Überlegung sowieso unmöglich zu sein schien. Nun aber fühlte ich mich wie ein neuer Mensch, der im Glauben wiedergeboren ist.

Ich wußte, daß ich dieses Haus heute als ein anderer Mensch verlassen würde. Doch zunächst mußte ich meine Fassung wiedergewinnen. Deshalb war ich sehr dankbar, daß Emanuels Stimme erneut erklang und eine Christine unter den Besuchern ansprach. Infolgedessen war ich es nicht mehr, auf die sich die Augen der anderen Teilnehmer richteten.

»Christine, kannst du mich hören, antworte mir bitte«, sagte Emanuel.

»Ja!« rief eine etwas schrill klingende Frauenstimme aus der zweiten Reihe.

»Gut«, gab Emanuel zurück, »hier ist ein Herr für dich, der heute nicht in voller Gestalt vor euch erscheinen möchte, der dir aber etwas zu sagen hat. Warte einen Augenblick bitte. Es geht um Warren.«

»Warren, das ist ja mein Mann«, erwiderte Christine aufgeregt. »Ja, warte«, wiederholte Emanuel. Bald darauf meldete sich eine etwas hart klingende Männerstimme, die in fließendem Englisch zu Christine von Warren sprach. Soviel ich den Ausführungen entnehmen konnte, ging es um Eheprobleme. Aber mir war in diesem Augenblick nicht danach, mich mit fremden Problemen zu befassen. Langsam wich die Überwältigung, die mich beim Erscheinen meines vor 22 Jahren verstorbenen Großvaters und meiner Tante Ida erfaßt hatte, einer freudigen Erleichterung. Mein Puls normalisierte sich, und das Blut durchströmte meine Füße mit belebender Wärme. Ich putzte mir die Nase und prägte mir jedes Wort ein, das Opi gesagt hatte. Ausgerechnet Opi war gekommen, um mich zu überzeugen. Gerade an ihn hatte ich doch in all den Jahren kaum gedacht. Um so liebevoller dachte ich jetzt an ihn. Szenen aus meiner Kindheit fielen mir ein. Ich hatte die energische Durchschlagskraft und die starke Persönlichkeit meines Großvaters als kleines Mädchen sehr bewundert. Gleichzeitig hatte ich ihn als sehr großzügig und liebevoll in Erinnerung. Ich entsann mich auch des Tages, wo man mir mitteilte, daß er gestorben sei. Er war krank gewesen, und ich hatte ihn lange Zeit vor seinem Tod nicht mehr gesehen. »Und nun beschützt er mich!« dachte ich dankbar und voll Freude. Ich lehnte mich in meinen Sessel zurück und fühlte mich darin geborgen.

Als ich nach der Séance wie immer mit dem Taxi zum Hotel zurück fuhr, ließ ich den Chauffeur vor einer Kirche halten, die noch geöffnet war. Einige ältere Frauen mit schwarzen Wolltüchern um den Kopf murmelten Rosenkranzgebete. Ich ging zu einem Seitenaltar, wo sich eine Christusstatue befand, unter der viele weiße Kerzen auf einem schmiedeeisenen Gitter brannten, die den ganzen Seitenflügel der Kirche in ein warmes Licht tauchten. Ich warf eine Münze in den Opferstock, nahm zwei Kerzen und zündete sie an. Ich wußte, daß Kerzen und Blumen Energiespender für unsere jenseitigen Freunde sind. Ich sprach ein Dankesgebet und verließ die Kirche. Auf dem Weg zu meinem Taxi begegnete mir ein junges Mädchen mit einem Blumenkorb. Sie hatte darin noch einige Magaritensträuße mit Rosen. Ich nahm ihr alle Blumen ab und gab ihr einen größeren Geldschein. Freudig lächelnd sagte sie: »Gracias, Sennora, mointo obrigado.« Im Hotelzimmer tat ich die Blumen in ein Glas und versuchte mir vorzustellen, daß Opi hier sei. Er sei immer bei mir, hatte er doch gesagt. Also mußte er auch jetzt hier sein, dachte ich. Ich bedauerte es sehr, daß ich ihn nicht mehr sehen konnte. »Ach, Opi«, dachte ich, »wenn du doch für mich immer so materialisiert sein könntest.« Ich blickte zurück auf zehn Jahre der Forschung, der Experimente und unzähliger Versuche der Kommunikation mit unseren geliebten jenseitigen Freunden. Es überkam mich ein Gefühl tiefer Dankbarkeit, daß ich einer der wenigen Menschen sein durfte, denen diese Art der Verbindung mit der jenseitigen Welt schon jetzt, in diesem Erdenleben, gelingt. Ich betete, daß meine psychischen Erfahrungen auch vielen anderen Menschen zuteil werden mögen, damit sie überzeugt sein können, daß wir alle den Tod überleben.

Am Dienstagabend war ich wieder mit in der Runde, und wieder war Charles unser Medium. Zunächst meldeten sich nur Stimmen, die sehr laut durch die unsichtbaren Mikrophone zu den Anwesenden sprachen und ihnen Botschaften von ihren jenseitigen Freunden und Verwandten übermittelten.
Dann allerdings erschien plötzlich ohne jede vorherige Ankündigung durch Dr. Klinger die Gestalt eines Mannes mittleren Alters vor dem Vorhang. Er war etwa 1,70 m groß und etwas untersetzt. Auf seinem Kopf war eine dünne Schicht stark gekrauster Haare zu sehen. Er hatte lebhafte, freundlich lächelnde Augen, eine hohe Stirn und dicke Wangen. Über dem voll ausgeprägten Mund war ein kleiner Schnurrbart. Die breite, stark abgeplattete Nase wies darauf hin, daß wir die vollmaterialisierte Gestalt eines Negers vor uns hatten. Er ging durch den Raum, stieg vom Podium herunter und setzte sich zu uns auf einen Schemel, der an der rechten Wand stand. »Good evening, ladies und gentlemen«, sagte er und lachte freundlich. »I

am Martin Luther King!« Eine Woge des Erstaunens und der Bewunderung ging durch den Raum. Zwei ältere Damen, die offensichtlich neu in unserer Runde waren, wollten begeistert in die Hände klatschen, aber Harris war sofort aufgestanden und bedeutete allen Besuchern, sich möglichst ruhig zu verhalten. Martin Luther begann in amerikanisiertem Englisch zu uns zu sprechen. Er sagte, die Probleme seiner Zeit seien bisher keineswegs gelöst worden, er selbst halte nach wie vor den gewaltlosen Widerstand für die stärkste Waffe der Bürgerrechtsbewegung. Mit seinem Erscheinen vor uns wolle er das Leben nach dem Tod für alle Rassen, Völker und Nationen beweisen. Er sprach sehr lange über die Neigung zur Gewalttätigkeit in unserer heutigen Welt. Schließlich wurde er von Dr. Klinger unterbrochen, der ihn aufforderte, für einige Augenblicke ins Kabinett zu kommen, um seine »Ration« zu erhalten, da er sonst für uns wieder unsichtbar würde. Ich hätte gern gewußt, auf welche Weise ihm Energie zugeführt wurde, wagte aber nicht zu fragen, zumal Martin Luther King schon bald wieder vor uns hintrat, sich auf seinen Schemel setzte und mit seinen Ausführungen fortfuhr. Er stellte die rhetorische Frage, wohin unser Weg führt, und beantwortete sie, wie er sagte, mit sich selbst, indem er hier mitten unter uns weile. »Das höchste Ziel ist es«, sagte er, »die Menschen die Realität des moralischen Gesetzes zu lehren und denjenigen ihre Blind-

heit vor Augen zu führen, die, gleichgültig, ob in der Öffentlichkeit oder im Privatleben, ihre Handlungsweise nicht dadurch bestimmen lassen. Die enorme Wichtigkeit der Gedanken, die wir denken«, fuhr er fort, »zeigt sich erst in der geistigen Welt. Physikalische Gesetze gehen Hand in Hand mit denen des geistigen Lebens«, sagte er weiter. Die Realität der geistigen Welt werde allen Anwesenden hier von ihm ganz objektiv gezeigt. Dadurch, daß alle Séanceteilnehmer jetzt das gleiche erlebten, sahen und hörten, könnten sie davon überzeugt sein, daß alle Verstorbenen weiterleben. Dies beweise aber auch die Wichtigkeit des moralischen Fortschritts, den wir am besten erreichen, wenn wir mit den höher entwickelten Existenzen in Kontakt blieben. Wenn alle Menschen das täten, würden wir überall Frieden haben.
Als Martin Luther King für unsere Augen verschwunden war, ging eine spürbare Welle der Bewunderung für ihn durch die Versammlung. Wir waren von dem Erlebten immer noch beeindruckt, als plötzlich ein junger Soldat vor den Vorhang trat. Er ging mit ausgestreckten Armen rasch auf die Frau neben mir zu. Erst jetzt bemerkte ich, daß es die ältere Italienerin war, die auch an dem Abend, wo die Tänzerin Manuela erschien war, neben mir gesessen hatte. »Mama«, sagte er, »ich bin es – Enzo!« Sie stieß einen unterdrückten Schrei aus, sprang auf und trat zu ihrem Sohn. Er legte die Arme um sie. Die Mutter brach zusammen und hing

ohnmächtig in den starken Armen ihres »toten« Sohnes. Er sprach liebevoll auf sie ein und sagte ihr, daß er immer bei ihr sei, wohin sie auch gehe. Als die Frau zu sich gekommen war, wechselte er das Thema und sagte: »Ich möchte, daß du ganz sicher bist, daß ich es bin. Schau, auch das habe ich immer noch.« Er nahm ihre Hand, führte sie unter seinen materialisierten Rock und legte sie auf seine Schulter. »Kannst du es fühlen, Mama?« fragte er. Später wurden wir aufgeklärt, daß der junge Mann als Kind bei einer Schlittenpartie in den Bergen einen schweren Unfall erlitten hatte. Er war an einer steilen Stelle abgestürzt und hatte sich eine schwere Schulterverletzung zugezogen, die mit einer großen Narbe verheilt war. Um seiner Mutter seine Identität zu beweisen und sie zu überzeugen, materialisierte er mit dieser Narbe.

Bei dieser Erscheinung blieb kein Auge trokken. Wir alle waren Zeuge dieser wundervollen, ergreifenden Wiedervereinigung einer einsamen, traurigen Mutter mit ihrem »toten« Sohn.

Nach der Séance erzählte sie uns, daß ihr Sohn im Zweiten Weltkrieg mit 20 Jahren nach Rußland an die Front abkommandiert wurde, wo er kurze Zeit später gefallen war. Als sie die Schreckensnachricht erhielt, konnte sie monatelang fast nichts essen und nicht schlafen. Sie wollte auch nicht weiterleben, da das Leben für sie keinen Sinn mehr hatte, als ihr einziges

Kind nicht mehr lebte. Die Ärzte waren sehr besorgt um sie, gaben sie aber schließlich auf, weil sie ihr nicht helfen konnten. Eines Tages erzählte ihr Psychiater von paranormalen Erscheinungen, die auf ein Weiterleben nach dem Tode hindeuteten. Seitdem hatte sie versucht, mit ihrem Sohn in Verbindung zu kommen.
Nach dieser Séance war sie vollkommen verändert. Sie nahm wieder aktiv teil am Leben und befaßte sich mit allen spiritistischen Kommunikationsmöglichkeiten mit der geistigen Welt, über die Eingeweihte verfügen.

Am folgenden Dienstag, eine Woche vor meiner Abreise, erhielten wir aus der geistigen Welt erneut eine eindrucksvolle Warnung, die uns alle und besonders Betty um Charles' Sicherheit bangen ließ.
Unmittelbar nachdem Marion in Trance gefallen war, zeigte sich eine ganz unübliche Manifestation, die etwas Abnormes aufwies, verglichen mit den Phänomenen, die sich gewöhnlich ereigneten. Marion trat in Tieftrance selbst aus dem Kabinett und stand vor uns. Das Ektoplasma floß reichlich aus Nase, Mund und Solarplexus und breitete sich rasch vor ihr aus. Allmählich bildete sich daraus eine geistige Gestalt. Aber der Prozeß wurde offensichtlich gehemmt. Die äußeren Umrisse waren unklar und formlos. Dieses Etwas begann sich zu bewegen, ähnlich einem belebten Kleidungsstück. Ohne jede Ankündigung erhob es sich

plötzlich in die Luft, Teile des Ektoplasmas nach sich ziehend, die darumherum im Raum schwebten. Diese halb ausgebildete Form war durch einen langen weißen Ektoplasma-Strang mit Marions Brust verbunden. Nachdem die Erscheinung ein paarmal in der Luft gekreist hatte, kehrte sie zu Marions Brust zurück. Gleich darauf wurde das Ektoplasma vom Körper reabsorbiert. Marion ging sehr langsam, wie benommen, ins Kabinett zurück. Sie war immer noch in Trance. Wenige Sekunden später teilte sich der Vorhang. Wir erblickten die kleine Gestalt eines alten Mannes, der keinen Namen nannte, uns aber mitteilte, daß er Wissenschaftler sei. In geschäftiger Weise, die Autorität verriet, wandte er sich an uns: »Ihr seid alle sehr verwundert über die fliegende Form, die ihr soeben gesehen habt.« Er sprach zu uns wie ein Lehrer zu seinen Schülern. »Das ist genau die Form, die viele Leute gern für eine Materialisation halten. Wir wissen, daß sie derartige Erscheinungen in den Séancen akzeptieren würden. Aber weil wir in festen Körpern kommen, die sich in nichts vom menschlichen Körper unterscheiden, glauben sie nicht an das, was sie evident vor Augen haben. Sie können es einfach nicht glauben. Und darin liegt eine große Gefahr. Ich bin gekommen, um euch zu warnen und euch zu sagen, daß ihr die Sicherheit des Mediums aufs Spiel setzt, wenn ihr solchen Leuten erlaubt, an euren Zirkeln teilzunehmen. Der überzeugte Ungläubig bringt immer Gefahren mit sich. Ihr müßt viel strengere Vorkehrungen treffen, um sie von euch fernzuhalten. Dieses Medium«, er wies hinter den Vorhang auf Marion, »ist ebenso wie Charles für uns eins der ganz wenigen auf Erden, die wir unter Anstrengungen benützen können, um euch das Überleben nach dem Tod zu beweisen. Aber ich beschwöre euch, wählt eure Besucher sorgfältiger aus!« Dann wandte er sich an Betty: »Es gibt vier Arten des Schutzes für das Medium. Wir können nur drei davon übernehmen, der vierte ist deine Aufgabe, vor allem, was Charles anbelangt. Sieh zu, daß die Séancen mit Charles als Medium in Zukunft nur von Gläubigen und selbst medial veranlagten Menschen besucht werden.« Betty versicherte es ihm. Er nickte kurz und verschwand. Seine Warnung alarmierte uns alle. Beim Tee in der Bibliothek wurde von nichts anderem gesprochen. Betty wußte aus Erfahrung, daß das Erscheinen dieses Geistes stets eine besonders ernst zu nehmende Warnung bedeutete. Sie sagte, daß unsere nächste Freitagséance für Charles die letzte in diesem Kreis hätte sein sollen, weil sie in der kommenden Woche darauf nach England zu ihrer verheirateten Tochter fahren wollten. In Anbetracht des heutigen Ereignisses sollte diese letzte Séance sicherheitshalber abgesagt werden.

Wir bedauerten das sehr, aber da es um Charles' Sicherheit ging, wollten wir lieber verzichten. Betty ging sofort zu Margarita, um zu veranlassen, daß alle Personen, die für Freitag eingeladen worden waren, benachrichtigt wurden. Dabei sah sie die Liste durch und stellte fest, daß mit Ausnahme des Ehepaares Contini, das eigens aus Texas angereist kam, niemand außer uns, die wir schon mehrere Séancen mitgemacht hatten, am Freitag anwesend sein würden. Das Ehepaar Contini konnte aber nicht mehr benachrichtigt werden; dafür war es bereits zu spät. Mit Charles als Medium war es den Continis möglich, ihre bei einem Flugzeugabsturz umgekommene Tochter Isabell vollmaterialisiert in die Arme zu schließen. Deshalb kamen sie immer wieder. Aus Dankbarkeit dafür hatten sie mit großen finanziellen Zuwendungen zur Organisation des Zirkels und zum Erwerb des für Charles und Betty so wichtigen Hauses beigetragen. Harris, der mit den Continis befreundet war, beschwor Betty, sie nicht zu enttäuschen.

»Sie haben so lange geduldig auf diese Gelegenheit gewartet«, sagte er. »Außerdem haben wir sie doch längst erprobt. Sie sind überzeugte und tief gläubige Menschen, genau wie alle anderen, die wir am Freitag hier haben werden.«

Charles selbst war ebenfalls sehr zuversichtlich. Betty gab schließlich nach. Im Grunde war auch sie der Ansicht, daß man allen Leuten, die am Freitag kommen würden, trauen konnte. Niemand von uns hätte auch nur im entferntesten an Verrat gedacht.

Die Continis kamen und mit ihnen zwei junge Engländer, Freunde von ihnen, wie sie sagten. Der eine gab sich als Sekretär einer Spiritualistenkirche aus. Die Continis sagten später, daß sie für die jungen Männer beide Hände ins Feuer gelegt hätten. Aber da war es zu spät; die unheilvolle Prophezeiung des kleinen Wissenschaftlers hatte sich bereits erfüllt. Ohne daß wir den geringsten Verdacht hegten, saß am Freitagabend ein Judas unter uns. Harris und besonders die Continis hätten ihr Leben für seine Integrität verwettet. Gerade weil er uneingeschränktes Vertrauen genoß, war seine Tat besonders gemein.

Wie sich später herausstellte, waren die beiden alles andere als überzeugte Spiritualisten. Es handelte sich um zwei Journalisten, die, durch den bekannten Namen Contini aufmerksam geworden, einen Artikel über die Rückkehr der »toten« Tochter geschrieben hatten. Von da an hatten sie sich bemüht, sich das Vertrauen des Ehepaares zu erwerben und Aufnahme in dessen kleinen medialen Kreis zu finden. Das war ihnen gelungen, ohne daß die Continis den geringsten Verdacht schöpften.
Ungefähr eine Stunde vor Beginn der Séance trafen die beiden Charles ihr Opfer in der Halle des Hauses. Da sie das erstemal in einem Materialisationsprozeß teilnehmen sollten, fragten sie ihn, ob sie vorher den Séanceraum untersuchen dürften. Danach wollten sie dort meditie-

ren. Das war an sich eine ungewöhnliche Bitte. Aber der ahnungslose Charles wunderte sich nicht weiter über den Eifer dieser beiden jungen Männer und wies ihnen freundlich den Weg. Wie uns Marion später erzählte, betrat sie ungefähr eine halbe Stunde danach den Séanceraum. Eine Besucherin, die sich ein Wiedersehen mit ihrer kürzlich verstorbenen Schwester erhoffte, hatte ihr einen Strauß ihrer Lieblingsblumen überreicht mit der Bitte, sie für ihre Schwester ins Kabinett neben Charles' Stuhl zu legen. Marion fiel bei dieser Gelegenheit nichts Besonderes auf. Sie sah die beiden Männer auf den ihnen angewiesenen Stühlen in der ersten Reihe sitzen.

Als sie den Raum verließ, drehte sie sich noch einmal um. In diesem Augenblick hatte sie eine ganz deutliche außersinnliche Wahrnehmung. Sie sah über den Köpfen eine schwere, schwarze Wolke. Marion erschrak zutiefst. Sie war ein außerordentlich gutes Medium und wußte die Symbolik dieser Vision zu deuten. Aber sie erklärte uns später, daß sie sich außerstande gefühlt habe, jemanden davon zu erzählen. Sie wollte verhindern, daß alles, was für diesen Abend arrangiert war, wieder in Frage gestellt würde. Außerdem konnte sie das, was dann wirklich geschah, kaum glauben. Sie beschloß aber insgeheim zu veranlassen, daß die beiden von der ersten in die zweite Reihe gesetzt würden, wo sie, wie sie meinte, weniger Schaden anrichten könnten. Außerdem betete sie inständig um Schutz für Charles. Wegen der eindringlichen Warnung fühlte sie sich für Charles' Sicherheit verantwortlich. Sie sorgte sich, ob der Austausch der Plätze stattfinden würde oder ob die Continis die beiden unbedingt neben sich haben wollten. Die Continis hatten jedoch nichts dagegen, und die beiden jungen Männer setzten sich in die zweite Reihe.

Die Séance wurde eröffnet. Wir sangen unsere Hymne und warteten. Als sehr lange nichts geschah, begann Harris erneut zu singen, und wir stimmten alle ein. Dann folgte aber eine noch längere Wartezeit, während der noch immer nichts geschah. Alle jenseitigen Freunde schienen sich geradezu zu weigern, sich zu materialisieren. Betty sagte später, daß sie spätestens in diesem Augenblick gewußt habe, daß heute etwas Schreckliches geschehen würde. Endlich bewegte sich der Vorhang des Kabinetts. Es erschien ein schlanker, bärtiger Mann in mittleren Jahren. Er nannte sich Mario. Eine Weile stand er zögernd vor dem Kabinett. Er sagte, es sei seine Aufgabe, den Zirkel zu eröffnen, Grüße und Botschaften von unseren Jenseitigen zu bringen und auch Ratschläge zu erteilen. Dann stand er wieder stumm und bewegungslos da. Endlich kam er einen Schritt näher und betrachtete intensiv die Gesichter der Besucher in den beiden Reihen vor ihm. Wir hatten nunmehr das Gefühl, daß irgend etwas schiefgehen würde. Nach einer Pause trat er vor

und reichte den in der ersten Reihe Sitzenden mit einer Willkommensgeste die Hand. Ich fühlte instinktiv, daß Mario irgendwie gehemmt war. Er wirkte nicht so entspannt wie bei Erscheinungen an anderen Abenden. Als er zu mir kam, hielt er meine Hände und blickte mir tief in die Augen. Als er darin las, daß ich beunruhigt war, drückte er mir herzlichst die Hand, als wollte er mir insgeheim sagen, ich solle mir keine Sorgen machen. Betty sagte später, sie habe die Empfindung gehabt, daß alle Kontroll- und Schutzgeister anwesend wären. Trotzdem konnte sie ein Gefühl der Angst nicht loswerden. Nachdem Mario alle Teilnehmer in der ersten Reihe begrüßt hatte, ging er zum Kabinett zurück. Er nahm den schwarzen Vorhang, der Charles verbarg, und hob ihn in die Höhe. Charles saß in Trance auf seinem Stuhl. Er war deutlich für alle Anwesenden sichtbar. Mario machte zwei Schritte zur Seite. Offensichtlich hatten die Zuschauer zwei völlig verschiedene Persönlichkeiten vor sich.
»Können alle das Medium sehen?« fragte Mario. »Ich stehe hier deutlich abseits von ihm. Seid ihr sicher, daß ihr uns beide sehen könnt?« Aus den Reihen der Anwesenden kamen begeisterte Zurufe, die dieses wunderbare Ereignis bestätigten.

Mario wartete noch einen Augenblick, ehe er den Vorhang vor Charles fallen ließ. Dann ging er freundlich lächelnd langsam durch die zwei-

te Reihe, um auch die übrigen Teilnehmer persönlich zu begrüßen. Als er bei dem ersten der jungen Männer, die in Begleitung der Continis gekommen waren, anlangte, sprangen beide gleichzeitig auf, packten ihn und rissen ihn an sich. Sie hatten ihre Arme um die geistige Erscheinung gelegt und versuchten sie festzuhalten. Der eine rief: »Jetzt hab' ich ihn erwischt!« Er war offensichtlich überzeugt, den verkleideten Charles gefangen zu haben, um ihn des Humbugs mit geistigen Erscheinungen zu überführen. Aber Marios Gestalt dematerialisierte sich sofort. Die betrügerischen Besucher hatten ihn so fest umklammert, daß sie, durch die Dematerialisierung überrascht, haltlos zu Boden fielen. In diesem Augenblick stieß Charles im Kabinett dumpfe Schmerzensschreie aus. Betty war aufgesprungen und stürzte sich auf die beiden Männer. »Nicht!« rief sie verzweifelt. »Sie wissen ja nicht, was Sie tun! Sie töten meinen Mann! Ihr bringt ihn um, ihr Idioten!«
Die Männer schauten Betty an. Der eine war aufgestanden. Der andere lag noch auf dem Boden und starrte Betty aus weit aufgerissen Augen erschrocken an. Er schien langsam zu begreifen, daß er nicht das Medium gefangen hatte, sondern eine vollmaterialisierte Gestalt. Sein Komplize versuchte, in dem allgemeinen Aufruhr sein Vorhaben auszuführen. Er rannte zum Fenster und riß den Vorhang zur Seite, an dem er sich während der erbetenen »Medita-

tion« zu schaffen gemacht hatte. Mehrere automatische Kameras wurden sichtbar, die sofort zu klicken anfingen. Blitzlichter zuckten grell auf. Ich warf einen Blick zum Kabinett hinüber und bemerkte erleichtert, daß die jenseitigen Kontrollgeister offensichtlich bemüht gewesen waren, das Medium zu schützen und abzuschirmen. Auf wunderbare Weise hatte sich der Vorhang aus seinen Schienen gelöst, war heruntergefallen und umhüllte Charles. Auf diese Weise war er wenigstens vor den Blitzlichtern geschützt, die so unbarmherzig auf ihn gerichtet waren. Aber ich wußte, daß Charles durch den plötzlichen Rückenstoß des Ektoplasmas sehr gelitten haben mußte. Höchstwahrscheinlich war sein ganzer Körper dadurch verletzt worden. Wie sehr, das wußten wir natürlich noch nicht. Alles ging so schnell. Alle waren wie betäubt. Die beiden Journalisten erholten sich am raschesten. Sie sprangen mit einem Satz zur Tür, um zu entkommen. Aber einige Männer faßten sich und folgten ihnen auf den Fersen. Der eine strebte dem Küchenausgang zu, der andere rannte durch die Halle, so schnell er konnte. Zu seinem Entsetzen stellte er fest, daß das Tor versperrt war. So konnten die beiden von Harris, der geistesgegenwärtigen Margarita und dem zornigen Mr. Contini gestellt werden. Die Flucht war ihnen unmöglich. Alle Arroganz hatte sie verlassen. Der eine stammelte eine Entschuldigung.

»Sie haben Charles beinahe getötet!« Harris

war rasend vor Wut. »Warum haben Sie ihn für einen Betrüger gehalten?« Als die beiden nicht antworteten, sagte er schneidend: »Jetzt wissen Sie, daß er keiner ist.« Angewidert fügte er hinzu: »Verlassen Sie alle beide auf der Stelle dieses Haus!« Er schloß das Tor auf und kehrte zum Séanceraum zurück.
Die beiden Journalisten wollten dieser Aufforderung unverzüglich nachkommen, wurden aber von Mr. Contini daran gehindert. Er stürzte sich auf den einen Journalisten, packte ihn am Schlips, hob ihn hoch und sagte leise in drohendem Ton: »Kommen Sie mir nie mehr unter die Augen.« Dann ließ er ihn mit einem unsanften Ruck los und ging ebenfalls in den Séanceraum zurück. Als niemand sie mehr daran hinderte, schlüpften die beiden durch das Tor und liefen, so rasch sie konnten, zu einem Wagen, der hinter der Auffahrt versteckt geparkt hatte und nun mit kreischenden Reifen rasch davonfuhr.
Charles war mittlerweile aus der Trance erwacht und bei vollem Bewußtsein. Er sah entsetzlich elend aus und klagte über starke Schmerzen im Solarplexus. Er wollte sich, von Betty und Marion gestützt, von seinem Stuhl erheben, sackte aber sofort wieder zusammen. Er bedeutete ihnen, daß er sich nicht bewegen konnte, und wies auf seine Beine. Betty krempelte die Hosenbeine hoch, und wir sahen gräßliche Brandwunden. »O mein Gott, Charles«, stöhnte sie, »o mein Gott!«

Ein Arzt mußte gerufen werden. Charles saß fahl in seinem Sessel und konnte nur mit Mühe atmen. Er wollte etwas sagen, brach aber mitten im Satz ab. Sein Kopf sank auf die Brust, er war bewußtlos. Vier Männer, denen Betty folgte, trugen ihn nach oben und legten ihn aufs Bett.

Die meisten Besucher waren immer noch sprachlos über diesen Vorfall. Kopfschüttelnd, nachdenklich und voll Bedauern blickten sie vor sich hin. Wir alle hatten uns von diesem Abend etwas ganz anderes erhofft.

Bald danach traf der Arzt ein, der von Margarita nach oben geführt wurde. Da Charles der Ruhe bedurfte, verließen die Besucher bedrückt das Haus.

Als ich am nächsten Morgen erwachte, hatte ich das dumpfe Gefühl, daß irgend etwas nicht in Ordnung war. Ich ging in die Stadt. In den Wolken über dem Meer wurde das Geräusch einer anfliegenden Maschine immer lauter. Wehmütig dachte ich daran, daß ich diese Stadt morgen verlassen mußte. Ich sah auf das Meer. Die starke Brandung verriet die Flut. Sie schien die Polarität des Universums auszudrücken. Ebbe und Flut. Tag und Nacht. Glück und Unglück. Leben und Tod. Licht und Dunkel. Positiv – Negativ. Das sind äußerste Unterschiede zwischen Dingen, die doch eines ohne das andere nicht sein könnten. Das sind Pole, die eine Einheit ergeben.

Ein Mann bot in einem großen Käfig Vögel an. Die Vögel sangen. Sie krächzten. Sie kreischten. Daneben stand ein großer Korb mit Blumen. Ich kaufte einen Strauß und beschloß, noch einmal zu dem Haus von Charles, Betty, Harris und Marion zu fahren. »Zu unserem Haus«, dachte ich, als der Wagen durch den knirschenden Kies über die Auffahrt fuhr. Etwas davon schien auch mir zu gehören. Immerhin hatte ich hier Dinge erlebt, die ich nie vergessen würde.
Als ich eintrat, war das Haus totenstill und kalt. Nur Margarita saß bewegungslos in der Empfangsloge. Ihr Gesicht war sehr ernst, ihre Augen blickten ins Leere. Als ich mich nach Charles' Befinden erkundigte, sah sie mich an. »Charles ist tot«, sagte sie leise.

»Mein Gott, das kann doch nicht sein«, stammelte ich. »Wie ist das denn so schnell gekommen?« fragte ich zögernd nach einer Pause.
Ich erfuhr, daß Charles nach einer ruhigen, aber schlaflosen Nacht am frühen Morgen von Betty Tee und Zwieback zum Frühstück bekommen sollte. Als Betty mit dem Tablett zurückkam, saß er aufrecht im Bett und hatte große Atemnot. Betty stellte das Tablett ab. »Ich rufe den Arzt«, sagte sie. Aber Charles nahm ihre Hand. »Nein«, sagte er. Er schaute sie betrübt an. »Er würde nicht mehr beizeiten kommen«, erklärte er ruhig. Er drückte Bettys Hand an seine Brust. Wieder rang er nach Luft und griff sich an

den Hals. »Ich habe hier einen brennenden Schmerz«, flüsterte er. Er schloß für einen Moment die Augen. Dann sah er wie entrückt auf Betty. »Ich werde nicht mehr lange bei dir sein können«, sagte er. Er nahm wieder ihre Hände. »Schau, einer von uns muß zuerst gehen. Es ist besser, wenn ich es bin. Wenn ich nicht mehr hier bin, kannst du mein Werk fortsetzen.« Er hob den Kopf und blickte Betty noch einmal lange an. Dann lehnte er sich ganz entspannt in die Kissen zurück. Sein Körper wurde schlaff. Betty begriff, daß er gestorben war. Sie hob seinen Kopf aus den Kissen und küßte ihn. »O Charles, Charles«, rief sie. Durch ihr lautes Weinen alarmiert, trat Marion ins Zimmer. Sie sah, daß Charles tot war. Sie versuchte Betty zu beruhigen. Sie nahm sie mit in ihr Zimmer.

Ich stand immer noch fassungslos in der Halle. Ich konnte es nicht begreifen. »Bitte, geben Sie Betty diese Blumen von mir«, sagte ich endlich. In diesem Moment kam Betty die Treppe herunter. Als sie unten angelangt war, trat ich auf sie zu. Sie hielt schützend ihre Hand vor die Augen. Sie sah sehr schmal, fast zerbrechlich aus. »Ich kann es nicht fassen«, sagte sie leise. »Trotz meiner Kenntnis über die geistige Welt und ihre Bewohner. Ich weiß, daß Charles jetzt dort lebt. Aber der Schock, daß er so schnell von mir gegangen ist, ist unerträglich. Er fehlt mir.«

Ich fühlte, wie mir die Tränen in die Augen stiegen. Ich nickte.
Betty drehte sich um und ging in die Bibliothek. Sie schritt zögernd und ruckartig.
Ich verließ das Haus. Mit tränenerfüllten Augen schaute ich zum Himmel empor. Über dem Meer flog im strahlenden Blau eine Boeing, Kondensstreifen hinter sich herziehend. Sie dröhnte und donnerte. Die Erde bebte. Je weiter sich die Maschine entfernte, um so bizarrere Formen nahmen die Spuren an, die sie im Blau hinterließ. »Sie sehen fast aus wie Materialisationen«, dachte ich. »Nur gehen sie jetzt nicht mehr unter uns.«

Ich beschloß, ein Buch über meine Erfahrungen und alles, was ich hier erlebt hatte, zu schreiben. Die Reaktionen der Leser werden sichtlich faszinierende Probleme für Denker aufwerfen.

Wenn dieses Buch nur ein klein wenig dazu beiträgt, die festgefahrenen, äußerst beschränkten Gedankenschemen der Menschen ins Wanken zu bringen, dann hat es seinen Teil zur Erlangung des besseren Verständnisses für die Motive, welche geistige Phänomene hervorrufen, beigetragen. Diese Motive bestehen in der Verstärkung jener guten geistigen Kräfte, die in weit höherem Ausmaß als bisher in den ständigen Kampf zwischen Gut und Böse eingreifen können, um so den göttlichen Plan zu fördern und Einfluß und Führung der guten Geister hier auf Erden für uns Menschen immer stärker werden zu lassen. Damit können wir unsere Ziele besser erreichen, und dadurch wird die entartete materielle Weltanschauung endlich einem esoterischen Weltbild weichen.

Enthüllung jenseitiger Geheimnisse

Im Anfang war das Wort, und das Wort war bei Gott, und Gott war das Wort. (Ev. Joh. Kap. 1 Vers 1) Dieser Vers von Johannes, dem Lieblingsapostel des Herrn, ist zu allen Zeiten falsch gedeutet worden. Der Sinn ist den Menschen bis in die heutige Zeit verborgen geblieben. Der Grund für dieses Unverständnis liegt vor allem an den mangelhaften Übersetzungen und Auslegungen der Heiligen Schrift. Aber das ist gut so. Denn wäre der innere Sinn solcher Texte nicht so gut verhüllt, so wäre das Heiligste darin schon entehrt. So aber hat der Zahn der Zeit nur an der Rinde genagt, ohne zum lebendigen Heiligtum darin vordringen zu können. Sehr verwirrend ist der Ausdruck »im Anfang«. Durch die weltliche, wörtliche Auslegung könnte sogar das ewige Sein Gottes bezweifelt werden. Die Urschrift lautet jedoch: »Im Urgrund war das Licht.« Zum besseren Verständnis könnte man ergänzen »im Urgrund allen Seins«, womit Gott gemeint ist. Der Ausdruck »Licht« wurde von Johannes für die wesenhafte Idee, den großen, heiligen Schöpfungsgedanken, verwendet. Im Urgrund allen Seins ist auch das menschliche Sein ent-

halten, das seinen Ursprung im göttlichen Sein hat. Somit sagt Johannes uns mit diesem Vers, daß das menschliche Sein aus Gott selbst geboren wurde, nicht erst aus dem Menschen. Dieses Licht war aber nicht nur im Urgrund, nicht nur in Gott, sondern auch bei Gott, das heißt, es wird uns als etwas Wesenhaftes beschrieben, das gewissermaßen aus Gott hervortrat und den Urgrund umfloß. Damit war bereits der Grundstein für die Menschwerdung Gottes gelegt, was aus den nachfolgenden Versen hervorgeht. Denn wer oder was war eigentlich dieses Licht? Es war die Grundidee allen künftigen, wesenhaften, freien Seins. Das aber kann wiederum nur Gott sein, weil aus Gott, in Gott und durch Gott unmöglich etwas anderes als Gott selbst dargestellt werden kann.
So lautete dieser Urtext: »In Gott war das Licht, und das Licht war bei Gott, und Gott selbst war das Licht.« Und so lautete der Urtext weiter: »Das Licht scheinet in der Finsternis, und die Finsternis begreifet es nicht.«
Das Urlicht leuchtet in solcher Nacht. Die Nacht aber, die wohl aus dem Licht entstanden ist, erkennt das Licht nicht, das sie ins Licht zurückführen will. Und so kam Christus, der zu allen Zeiten als das Licht der Welt bezeichnet wurde, in diese Welt, zu denen, die aus ihm waren, aber sie erkannten ihn nicht.
In den Versen 6–13 des 1. Kapitels des Johannes-Evangeliums Johannis heißt es weiter: »Es ward aber ein Mann von Gott gesandt, der hieß

Johannes. Dieser kam als ein Zeuge, auf daß er vom Licht ein Zeugnis gäbe, damit sie alle durch ihn glauben.« Und Johannes predigte im Jordantal und kündete den Menschen in Jesus den Sohn Gottes an, als Licht vom Licht, der nun in Menschengestalt zu den Menschen kam, die aus ihm sind, um sie neu zu erleuchten, um sie so seinem Urlicht wieder zuzuführen. Aber Christus kam nicht aus den Sternen zur Welt, sondern er kam ganz arm, klein und anscheinend schwach zur Erde. Er wirkte die ersten dreißig Jahre seines Lebens auch kaum Wunder, sondern arbeitete schwer und war mit jedermann, auch mit den Heiden, gut Freund. Wie konnte er da der vom auserwählten Volk lang ersehnte Messias sein? Einem Laien oder gar einem Sünder durfte sich ihrer Meinung nach ihr Gott niemals mitteilen, denn das machte die Offenbarungen bereits verdächtig. Sie wurden daher auch nicht angenommen, wie auch der Herr selbst von den hohen Gelehrten nicht anerkannt wurde. Er aber blieb stets gleich, wie Johannes von ihm geweissagt hatte. Er war als einfacher Mensch unter die Menschen gekommen zur Unterdrückung ihres Hochmuts und zur Belebung der wahren Demut und Liebe. Die Welt aber blieb weiterhin die gleiche Wüste zu Bethabara, wo Johannes sein Zeugnis für den Herrn selbst abgegeben hatte.

In seiner berühmten Bergpredigt sprach Christus zu den Menschen: »Gott ist höchst gut,

weise und gerecht. Ich aber sage euch: Der Mensch dieser Erde ist nicht minder berufen, vollkommen zu werden, wie der Vater im Himmel vollkommen ist. Bis auf diese Zeit war das zwar unmöglich, da auf dieser Erde der Tod das Zepter führte. Aber von nun an soll es jedermann möglich sein, nach meiner Lehre zu leben. So dies von Gott dem Menschen geboten wird, so soll der Mensch auch keine Mühe scheuen, sich durch das Handeln nach Meiner Lehre das Höchste zu erringen.« Und er fügte hinzu: »Mein Joch ist sanft und meine Bürde leicht. Liebet euren Nächsten wie euch selbst und Gott über alles, und ihr werdet zu solcher Vollkommenheit gelangen, wie der Vater im Himmel vollkommen ist.«
Da fragten die Jünger, wer denn nun eigentlich Gott sei, Jesus selbst oder der Vater im Himmel. Christus aber antwortete ihnen: »Der Vater und Ich sind eins.«

Die aus Gott geschaffenen Geistwesen haben nichts anderes als ihren freien Willen. Der Wille allein wurde ihnen von Gott übereignet. Alles andere gehört Gott allein. Niemand kann daher Gott mehr geben als seinen Glauben, die Liebe und den eigenen Willen. Im geistigen Reich gibt es keine materiellen Kronen und Zepter. Es ist die Welt der Wahrheit, der Freiheit aus der Wahrheit und der Herrschaft der Liebe. Während sich aber nur einzelne Menschengruppen in den milden Strahlen dieser

Erkenntnis sonnen, wissen die meisten anderen nichts von dieser Lehre. Sie halten die Weisheiten aus der anderen Welt für das Spiel einer allzu großen Phantasie, die zeitweise mit etwas Vernunft vermengt ist. Was aber die außersinnlichen Phänomene betrifft, so mögen sie für viele Menschen von noch so außerordentlicher Art sein, sie werden dennoch samt und sonders in das Gebiet der Zauberei, der Tricks und der Magie verwiesen, die in unserer Zeit leider häufig anzutreffen sind. Die Menschen sind blind geworden. Sie können das Falsche vom Wahren nicht unterscheiden und verwerfen daher alles. Da die Menschen so blind geworden sind, ist auch die Erde der Zerstörung preisgegeben. Die Gegenden, die auf dieser Welt zu sehen sind, bieten nur noch von Ferne ein liebliches Bild. Bei genauerer Betrachtung findet man ekelerregenden Schmutz und Tod. Blickt man jedoch zur Sonne empor, dann ist alles noch unverändert. Dort, wo wir andere Welten vermuten, ist eine Wüste herrlicher als hier auf Erden ein Paradies. Denn da das Licht der Sonne die Gegenden dieser Erde verschönt, um wieviel herrlicher müssen dann erst die Gegenden der großen Sonne selbst sein, deren Glanz dieser Erde ihren matten Schimmer borgt? Dennoch ist der Mensch auf dieser Erde keineswegs so verlassen, wie es scheint. Es hängt ganz von seinem freien Willen ab, ob er von Gott geführt sein möchte oder nicht. Will es der Mensch, dann wird es auch Gott wollen.

Wenn nicht, bleibt er lediglich der allgemeinen Ordnung, die dem Naturmenschen zukommt, unterworfen. Sonst aber hat er innerhalb der göttlichen Ordnung seine unantastbare Freiheit. Nur wenn der Mensch Gott aus dem freien Willen seines Herzens sucht, wird Gott seinen Bitten entgegenkommen, vorausgesetzt, daß es dem Menschen damit ernst ist. Sucht und bittet der Mensch aber nur probeweise, um nachzuprüfen, ob an Gott und den Verheißungen etwas Wahres sei, so werden seine Bitten niemals erhört werden. Von denen, die zu Gott kommen, weiß er in jedem Augenblick, wie es um sie steht. Und er selbst belehrt sie und leitet sie auf ihrem Weg. Diejenigen aber, die sich von Gott abwenden, werden auch von Gott nicht anerkannt. Sie haben in der geistigen Welt viel zu kämpfen und zu dulden. Nur diejenigen, die sich ihm aus vollem Herzen zuwenden, haben das geistige Leben. Wer die Wahrheit um der Wahrheit willen nicht anerkennen will, und wem sie nicht ein ausreichender Beweis ist, für den ist es besser, in seiner Blindheit zu bleiben. Wenn die Menschen nur durch Wunder oder Schicksalsgewalt zur Annahme der Wahrheit gezwungen werden, dann aber doch nicht nach der geistigen Lehre leben, bedeutet das erlebte Wunder ein doppeltes Gericht für sie. Zum ersten sind sie nämlich durch das Wunder gezwungen, die Wahrheit der geistigen Welt anzunehmen, ob sie sie nun in ihrer Blindheit erkennen oder nicht. Zum zweiten müssen sie eine noch härtere Strafe der göttlichen Ordnung auf sich nehmen, weil sie nicht nach der durch die Wunder offenbarten Wahrheit gehandelt haben. Es ist dabei gleichgültig, ob diese Menschen die Wahrheit völlig als Wahrheit erkannt haben oder nicht; denn das geschaute Wunder hat ihnen den bindenden Beweis geliefert. Das ist nach der göttlichen Ordnung schon genug. Die Einsicht oder Nichteinsicht rechtfertigt danach niemanden mehr.

Wenn jemand zur Bestätigung der vernommenen Lehre über die geistige Welt ein Wunder als Beweis begehrt und sich vornimmt, nach dem erlebten Phänomen diese Lehre anzunehmen und danach zu leben, es aber dann dennoch nicht tut, weil die Befolgung dieser Lehre sein ganzes Weltbild ändern und ihm ungewohnte Schwierigkeiten bringen würde, so hat er sich doppelt schuldig gemacht. Das Erlebte steht dann als unbestreitbarer Bürge da. Der Mensch aber denkt oft, daß wohl etwas Wahres daran sein mag, sonst wäre das Geschaute nicht möglich gewesen. Dennoch sieht er den Grund nicht ein, seine Lebensweise und seinen Charakter zum Guten zu verändern, weil es ihn eine geradezu entsetzliche Selbstverleugnung kosten würde. Darum ändert er sich lieber nicht. Die Fehler, die er nun entgegen besserem Wissen aus Bequemlichkeit macht, werden ihm am Ende seines irdischen Daseins vom geistigen Gericht doppelt angelastet. Darum ist

es besser, keine Beweise zur Wahrheitsfindung zu verlangen, wenn man nicht ernsthaft entschlossen ist, dann auch in allem danach zu leben.
Auch ist es für den Menschen vorläufig gar nicht gut, wenn er alles verstünde und alles wüßte. Es steht schon in der Bibel geschrieben: »Wenn du vom Baum der Erkenntnis essen wirst, wirst du sterben.« Es ist für uns oft besser, bestimmte Phänomene als das hinzunehmen, was sie dem Anschein nach sind, und zu denken, daß bei Gott nichts unmöglich ist.

Es wäre für den Menschen auch gar nicht gut, wenn er wüßte, was ihm die Zukunft bringen wird. Daher ist es in der göttlichen Ordnung so eingerichtet, daß sowohl für den Menschen als auch für Engelsgeister alles nur nach und nach bis zu einem gewissen Grad erkenntlich ist.
Am meisten bewegt viele Menschen die Frage nach dem Himmelreich und wie es wohl sein mag. Das wahre Himmelreich ist für die wahren Freunde Gottes überall, für die Feinde Gottes aber nirgends. Für sie ist alles Hölle. Vergebens blicken ihre Augen zu den Sternen empor, denn sie sind irdisch. Umsonst schauen sie zur Erde hinab. Die Erde ist nur Materie, die vergehen und verwesen muß. Die wahren Gottessucher forschen daher in ihrem Herzen. Dort allein werden sie Gott finden. In jedes Menschenherz ist der Gottesfunke als Same gelegt, aus dem das ewige Leben erblüht.

Der Raum, in dem diese Erde schwebt, sowie die große Sonne, der Mond und all die zahllosen Sterne, die ebenfalls Sonnen und Erden sind, dieser Raum ist unendlich! Mit Gedankenschnelligkeit kann man diese Erde verlassen und Ewigkeiten um Ewigkeiten durcheilen. Dennoch würde man nach vielen Ewigkeiten des gedankenschnellen Fluges niemals einem Ende auch nur nahe kommen. Überall gibt es im endlosen Raum Schöpfungen von seltenster und wunderbarster Art. Nach der Art unseres Herzens aber treten wir nach des Leibes Tod hinaus in diesen endlosen Gottesraum, und nach der Art unseres Herzens werden wir ihn entweder als Himmel oder als Hölle antreffen. Denn es gibt nirgends einen geschaffenen Himmel noch irgendeine eigens geschaffene Hölle. Alles kommt aus dem Herzen. Je nachdem, ob der Mensch Gutes tut oder Böses, findet er entweder den Himmel oder die Hölle. Wie er glaubt, strebt und handelt, so wird er auch seinen Glauben leben, von dem sein Streben genährt worden und ins Handeln übergegangen ist.

Wenn der Mensch stirbt, verläßt die Seele den Leib und wird zum Geistmensch. Man befindet sich dabei in jener Sphäre, die dem ganzen Lebenswesen entspricht. Dabei hilft einem nichts als der freie Wille und die Liebe. Sind der Wille und die Liebe gut und nach Gott ausgerichtet, so wird die Sphäre schön sein, die sich die Seele selbst gestaltet, durch die ihr von Gott

eingepflanzte Kraft und Macht. Sind sie aber schlecht, so wird auch ihr Werk unvollkommen sein, wie auch ein schlechter Baum auf Erden keine Früchte trägt.
Wenn man einen Dornbusch mit Gold und Edelsteinen schmückt, wird er dennoch niemals Früchte tragen. Ob man den Weinstock mit Gold verziert oder nicht, ist ohne Belang. Alles eitle und nichtige Gepränge der Materie ist völlig unnütz. Nur auf den Geist kommt es an. Gott ist reiner Geist. Und diejenigen, die ihm dienen wollen, müssen ihm im Geiste und in voller lebendiger Wahrheit ihres Herzens dienen. Nicht mit der Materie. Sie ist nichts weiter als ein für gewisse Zeit gefestigter Wille des allmächtigen Geistes.
Schon bei Jesaja steht geschrieben: »Ich habe Wohlgefallen an der Barmherzigkeit und nicht am Brandopfer. Dies Volk ehrt mich mit den Lippen, aber sein Herz ist ferne von mir.«
Gott gibt keinem Engel und keinem Menschen, der im Grunde ein angehender Engel ist, mehr als ein vollkommenes Selbstleben und darin die Fähigkeit, sich aus sich heraus zur größtmöglichen Gottähnlichkeit zu entwickeln. Wenn einem Engel oder einem Menschen die Wege bekannt sind, auf denen er zur Gottähnlichkeit gelangen kann, er aber nicht darauf wandeln will, so hat er es sich am Ende selbst zuzuschreiben, wenn er in der todschwachen Gottunähnlichkeit bleibt.
Natürlich kann kein noch so vollendeter Geist

Gott in seiner endlosen Fülle erreichen. Aber das spielt keine Rolle. Man kann dennoch innerhalb der von Gott errichteten Ordnung alles ins Werk setzen, was man will. Vollendete Geister können sogar aus sich wie Gott selbständige Wesen hervorbringen und ihnen ein ewiges Sein geben. Man kann an diesen Wesen viel Freude haben, ähnlich wie ein irdischer Vater an seinen Kindern. Vollendete Geister sind außerdem imstande, mehrere Welten mit Sonnen zu schaffen und sie aus sich heraus zu bevölkern. Diese Welten sind oft besser ausgestattet als unsere Erde. Dies ist deshalb möglich, weil am Ende jeder Geist aus Gott ist, wie die Keime zukünftiger Gewächse schon unendlich viele Male aus früheren Keimen hervorgegangen sind. Um dies zu erreichen, darf man jedoch das eigene Fleisch nicht mehr lieben als den eigenen Geist, der die Gottähnlichkeit in uns ist.

In der großen Schöpfung Gottes bewegt sich alles fortwährend vorwärts wie die irdische Zeit, die auch nie stehenbleibt. Darum haben es diejenigen, die ihr Herz an irdische Pracht hängen, so schwer. Sie muß vergehen, da das Zeitliche mit dem Ewigen vertauscht werden muß.

Wie jedes Insekt und jeder Grashalm ihr bestimmtes Gesetz innerhalb der göttlichen Ordnung haben, nach dem sie sich entwickeln, so gibt es auch für die Wesenheit des Menschen ein bestimmtes Gesetz, nach dem sich der

Mensch zu ungebundener Selbständigkeit entwickeln kann. Wie dies in der Materie geschieht, ebenso vollzieht sich diese Gesetzmäßigkeit auch im Geist. Es ist nur ein Weg, der unwandelbar stets derselbe bleibt.

Der Mensch ist der Träger aller Gesetze, aller Macht und aller Gewalt auf Erden. Dennoch kommt es letztlich auf den Willen Gottes an. Der Mensch kann sich nur innerhalb der von Gott gegebenen Ordnung frei bewegen. Gott könnte natürlich alle Menschen nötigen, nur gute Handlungen nach seinem Willen zu tun. Dann wäre allerdings dem Menschen der freie Wille nicht gegeben. Das ist der Grund, warum Gott viel Unrecht hier auf Erden zuläßt. Die Menschen müssen das Unrecht selbst erkennen. Diese Erkenntnis ist dann keine Nötigung von außen, sondern von innen. Und dies steht vollkommen in der Ordnung des freien Lebens. Wenn wir durch fremden Willen genötigt sind, etwas zu tun, sind wir nur noch Marionetten. Nötigt uns hingegen der eigene Wille, so sind wir dennoch frei. Unser eigener Wille will ja nur das, was der Verstand als das Augenlicht der Seele als wahr und richtig erkennt. Wenn wir aber nicht erkennen, was gut und recht ist, dann würde unser Handeln gleich dem der Tiere sein. Denn die Tierseele ist in der göttlichen Ordnung so beschaffen, daß eine Nötigung, die seiner Natur eingepflanzt ist, seiner Seele keinen moralischen Schaden zufügen kann. Tierseelen haben mit freien Moralgesetzen nichts zu tun. Aber die menschliche Seele ist so beschaffen, daß sie durch einen inneren mechanischen Zwang großen Schaden an ihrem Wesen erleidet.

Das allein war auch der Grund, warum Christus alle Verfolgungen auf sich nahm, anstatt seine Widersacher gewaltsam daran zu hindern, ihn ans Kreuz zu schlagen. Er wollte sich vor ihrer ohnmächtigen Wut nicht schützen, sondern sie als seine blinden, törichten Kinder vor dem ewigen Verderben bewahren.

Aber er sah in ihre Herzen. Und wenn diejenigen, die ihn verfolgten, dennoch besserer Natur waren, so daß sie die Wahrheit und das reine Gute erkennen konnten, hielt er sich vor ihnen nicht verborgen. Er ließ sie zu sich kommen, belehrte sie, ließ sie ihre Fehler erkennen und so zu Menschen nach der Ordnung Gottes werden.

Dennoch werden wir oft von den Kräften der Natur und vom Schicksal zu Handlungen genötigt, die wir ohne den Eintritt bestimmter Ereignisse nicht begangen hätten. Viele empfinden das als Zwang, der den freien Willen einengt. Aber es scheint nur so. Dadurch wird der Seele kein wirklicher Zwang angetan. Der Mensch wird vielmehr belehrt, dem Verstand wird Erkenntnis zuteil, so daß er dann frei wählen kann, was für seine Seele das Beste ist.

Als Jesus noch als Mensch unter seinen Jüngern weilte, geschah es oft, daß er sie die ganze Nacht belehrte und predigte, ohne daß die Jünger gewahr wurden, daß die Sonne ihre Strahlen über den Horizont zu senden begann. Dennoch hatte keiner von ihnen das Bedürfnis nach Nachtruhe. Jesus hatte ihnen nach seinem göttlichen Willen auf wunderbare Weise körperliche Kraft gespendet. Auch das war keine Nötigung der Seele, sondern nur eine der Materie, die sich dadurch länger als gewöhnlich der Seele dienlich erweisen konnte. Durch diesen wunderbaren Zwang, durch den niemand schläfrig und müde geworden war, wurden die Anwesenden doppelt belohnt: leiblich und geistig. Die Mühe und das Wachen hatten sich zweifach gelohnt.

Wenn wir Menschen in unserem Unverstand auch oft sagen, Gottes Wege seien unerforschlich, so können wir letztlich doch oft erkennen, daß ein äußerer Zwang keinen Schaden für unsere Seele bedeutet hat. So ist es auch mit dem geistigen Licht. Es kann und darf aufgrund der heiligen Willensfreiheit niemanden gewaltsam eingegossen werden. Es wurde vielmehr durch die Lehren Jesu gleichsam auf einen Platz gestellt, an dem es von jedermann bemerkt wird. Wer es nun benützen will, der kann es ungehindert tun. Wer dies nicht will, der kann es stehenlassen, wie dies auch oft mit dem Sonnenlicht geschieht. Wer es zu irgendeiner

Arbeit benutzen will, kann es tun; wer aber müßig im Schatten ruhen will, der kann auch das tun. Das wird der Welt kaum zum Schaden gereichen. Gottes Licht nötigt niemanden zu irgendeiner Tat. Sicherlich hätte Gott Macht genug, die menschlichen Erkenntnisse sofort umzustimmen und aus unserem freien Willen ein auf allen Seiten gefesseltes Lasttier zu machen. Alle Menschen würden dann nur noch nach der Lenkung von Gottes Allmacht handeln. Aber der Mensch würde in sich selbst tot sein. Wir werden zwar durch das irdische Leben unterrichtet und gelangen durch menschliches Schicksal zu Erkenntnissen, aber es bleibt uns überlassen, fortan nach diesen Erkenntnissen zu leben oder nicht. Der Mensch kann sich ändern. Aber Gottes Ordnung muß ewig sein. Wäre sie nicht ewig unveränderlich, so würde sie keine Wahrheit sein. Denn Wahrheit muß ewig Wahrheit bleiben. Sie ist von Ewigkeit her vorgesehen.

Um die geistige Welt zu begreifen, muß eine Seele allerdings möglichst frei sein von allen Banden der Welt. Solange sie im Moder des Fleisches begraben liegt, das dem Tod preisgegeben ist, kann in ihr keine göttliche Weisheit sein. Dennoch ist die Seele das Gefäß des Lebens aus Gott. Dieser Gottesfunke im Menschen muß mit geistiger Kost genährt werden. Sie ist das Wort Gottes. Dadurch wird der Gottesfunke größer und mächtiger in der Seele, bis er sie durchdringt und am Ende die ganze Seele in sein Wesen umwandelt. Dann wird die Seele selbst das Leben, das sich als solches erkennt. Wenn sich das Leben selbst erkennt, wird es sich auch der Weisheit aus dem göttlichen Lebensfundament bewußt. Die wahre Weisheit selbst ist wie das Augenlicht des Geistes im Auge der Seele. Wenn die Seele aber noch fragt, was der Geist in ihr ist, kann das Licht des Geistes und des Lebens ihre Blindheit noch nicht beheben.

Die Vorstellung vom Kern des Lebens in uns, der mit keinem noch so qualifizierten technischen Gerät sichtbar gemacht werden kann, und der sich dem Wesen nach von den physikalischen und chemischen Baustoffen unseres Leibes unterscheidet, ist für den menschlichen Geist nahezu unfaßbar. Aber der redliche gute Wille, sich davon wenigstens eine vage Vorstellung zu verschaffen, ist schon soviel wie das halbe Werk. Nur darf es dann nicht allzu lange beim guten Willen bleiben, sondern er muß in die Tat umgesetzt werden.

Die Tat besteht darin, sich von den Banden dieser Welt mehr und mehr zu lösen, weil alles Irdische vergehen muß, wie die Erde selbst dazu bestimmt ist, in die Tiefe der materiellen Leere zu sinken. Dadurch erst kann die Kraft des Geistes im Menschen über die Seele hinaustreten in eine neue, reine Lebenssphäre in der ungebundenen Freiheit der Unendlichkeit Gottes von Ewigkeit zu Ewigkeit.

Viele Menschen hegen den innigen Wunsch, mehr vom Wesen Gottes zu erfahren und mit ihm in Verbindung zu treten. Aber da sie Gott nicht hören, sehen oder sprechen können, vermögen sie sich nicht vorzustellen, daß jeden Augenblick ihres Lebens, nicht nur hier auf Erden, sondern schon von Urbeginn ihrer geistigen Geburt aus Gott, in der Liebe ihres Herzens mit ihm verbunden sind.

Wenn sie ihn in ihrem Herzen fragen, wird er ihnen jederzeit in ihrem Herzen antworten. Mögen wir auch der persönlichen Gegenwart Gottes sehr fern sein, dennoch sind wir geistig beständig in Gott, genauer wie Gott in uns ist und stets seine unermeßbar großen Taten bewirkt.

Da Gott das Leben und die Liebe ist, ist jeder Mensch, der Gott liebt, beständig bei Gott und in Gott. Wer von Gott etwas hören und wissen will, der frage ihn im Herzen, und er wird durch die Gedanken im Herzen sofort eine Antwort erhalten. Auf diese Weise kann jeder Mensch zu jeder Zeit und in allen Dingen von Gott belehrt werden. Es ist daher nicht nötig, Gott zu schauen. Es ist dem Menschen möglich, auf diese Weise das Leben in Gott zu erfühlen, durch überdeutlich vernehmbare Gedanken. Wer sie vernimmt, der handle danach! Denn es genügt bei weitem nicht, zu wissen, was recht und gut ist, besonders dann nicht, wenn ein Mensch das größte Wohlgefallen an der göttlichen Lehre hat, sich

aber nie ernsthaft entschließt, auch danach zu leben.
Das menschliche Herz ist wie ein Garten. Nur wer diesen Garten pflegt, wird an der Ernte der Blüten und Früchte seine Freude haben. Wer alles, was er im Herzen von Gott vernommen hat, in die Tat umsetzt, wird sehr bald soviel Segen und Gnade im eigenen Herzen besitzen, daß er imstande ist, für Seele und Geist aus eigenen Mitteln zu leben und nicht mehr des Rates und der Hilfe bedarf.
Das ist es letztlich, was Gott im Menschen erwecken will. Der Mensch soll schon hier auf Erden ein selbständiger Bürger der Himmel nach der ewigen universellen Ordnung sein. Aber die Menschen hegen meistens nur irdische Neigungen, lassen sich von eitlen materiellen Vorteilen beirren und werden dadurch zu schlechtem Handeln verleitet.

Nach der göttlichen Ordnung gibt es zweierlei Gesetze: Das Muß- und das Sollgesetz.
Das Muß-Gesetz ist rein mechanisch. Nach diesem Gesetz gestalten sich alle Lebensformen und deren Gliederung. An diesem Gesetz kann niemals etwas geändert werden.
Allein nach dem Soll-Gesetz gestaltet sich die Lehre des Lebens, die besagt, daß alles, was in Gottes Ordnung frei sein soll, schon in seiner ersten Entwicklung frei sein muß.
So sehr sich das innere freie Sein damit auch verbindet, das darüberliegende formgebende

Muß-Gesetz kann dadurch nicht aufgehoben werden. In der Form liegt der immerwährende Keim, der immer wieder von neuem Leben heranreifen läßt, das in der freien Lebenssphäre Verdorbene aufgreift und in der rechten Ordnung erneut entstehen läßt.
Dadurch sind die Unterschiede unter den Menschen bedingt. Einige Seelen sind von oben. Sie sind kräftiger, und die argen Geister dieser Erde können ihnen nichts oder nur weniger anhaben als den anderen. Manche Menschenseelen sind sogar vormalige Engel aus den Himmeln. Bei ihnen kann durch den irdischen Lebensweg nicht so leicht etwas verdorben werden. Johannes der Täufer, Elias, Moses und andere sind dafür ein Beispiel. Es hat aber nicht nur damals menschgewordene Engel gegeben. Es haben zu allen Zeiten auf Erden solche Engel gelebt, und es gibt sie auch heute. Solche Menschen vermögen eine überaus starke Lebensprobe zu bestehen. Sie ertragen mehr als alle anderen. Und sie tun es stets mit größter Aufopferung.

Außerdem gibt es Unterschiede bei den Seelen, die von den oberen Sphären kommen, um auf dieser Erde die Kindschaft Gottes zu erreichen. Es gibt auf Erden viele Seelen, die aus vollkommenen Sonnenwelten stammen. Auch sie sind von Natur stärker als solche, die von den kleinen, unserer Erde ähnlichen Planeten kommen. Je unvollkommener ein Planet ist, um so schwächer sind seine Bewohner, die stets eine geringe Lebensprobe zu bestehen haben. Dies wird deshalb so vorherbestimmt, weil sie wegen ihrer Schwäche gefährdeter sind als die anderen und leichter Schaden nehmen können. Trotzdem haben sie einen kräftigen geistigen Urlebenskern in sich, der, wenn er einmal in der richtigen Art geweckt wird, bald in der vollen Lebensordnung heranreift und tätig wird.

Am häufigsten aber sind hier die Seelen, die von Urbeginn aus dieser Erde stammen. Sie sind die eigentlichen, zur Gotteskindschaft Berufenen. Gleichzeitig sind sie die schwächsten und daher am gefährdetsten.

Jede Seele, wenngleich schwach und verdorben, trägt jedoch den geistigen Urlebenskeim in sich, der niemals verdorben werden kann. Ist eine solche Seele soweit gereift, daß der Gottesfunke in ihr geweckt werden kann, so ist sie ebenso berufen wie jedes andere Kind des Allerhöchsten, das heißt, ebenso wie ein menschgewordener Engelsgeist oder eine Seele aus der Zentralsonne, aus einer minderen Planetarsonne oder aus irgendeinem der Erdkörper, deren es im weiten Schöpfungsraum wohl mehr gibt als Sandkörner am Meeresstrand.

Am Unterschied der Seelen auf Erden liegt es, daß bei so manchen Menschen geraume Zeit, entweder hier oder noch mehr jenseits, vergeht, bis sie jene selbständige Festigkeit erreichen, die erforderlich ist, um den Urlebenskeim vollends zu erwecken. Aber zu denken, es sei unmöglich, diesen Lebensakt bei einer Seele zu erwecken, die schon sehr verdorben zu sein scheint, wäre eine große Sünde gegen die Liebe und Weisheit Gottes.

Das Verhalten der Menschen hier auf Erden gleicht meistens einer fehlerhaften Maschine, die um so eher unbrauchbar wird, je unausgesetzter und emsiger sie gebraucht wird. Auch des Menschen Leib nützt sich ab und zerstört sich um so eher, je leidenschaftlicher er seinen habgierigen Bestrebungen nachgeht.
Der falsche und blinde Glaube an die Dauerhaftigkeit und den Reichtum dieser Welt, dieser weitestverbreitete Aberglaube unter den Menschen, erweist sich für die meisten früher oder später als Lüge und Betrug. Dadurch herrscht eine zunehmende Lieblosigkeit unter den Völkern.
Hingegen bewirkt der lebendige Glaube an die göttliche Wahrheit in allen Dingen eine mehr und mehr tätige Liebe unter den Menschen und zu Gott.

Da dies nun einmal so ist, nützt es dem Menschen im Grunde gar nichts, alle materiellen Schätze dieser Erde zu besitzen und sich mit tierischer Gier daran zu erfreuen. Die Seele wird durch das Nichts der Materie nach dem körperlichen Hinscheiden selbst zu einem Nichts, da sie die geistige Lebensrealität verloren hat.

Nur wenn die Materie an und für sich eine bleibende und unwandelbare Realität wäre, würde sie als das, was sie ist, eine Wahrheit sein. Dann wäre derjenige, der sie gewinnt und besitzt, auch im Besitz dieser Wahrheit. Ginge die Seele dann in die Materie über, so würde auch sie zu einer bleibenden Realität werden. Weil aber die Materie nur ein Gericht des Geistigen ist und keine dauerhafte Existenzberechtigung hat, sondern nur so lange vorhanden ist, wie das geistige Urelement sich darin ansammelt, muß die materiell und weltlich gewordene Seele am Ende das Los der Materie teilen. Eine solche Seele wird nach Auflösung der Materie größtenteils in ihre substanziellen, psychoätherischen Urkraftatome aufgelöst, und es bleibt nichts weiter als ein lichtloser, skelettartiger Grundtypus. Eine solche Seele befindet sich dann in der geistigen Welt in einem Zustand, den unsere noch mit geistigem Sehvermögen begabten Urväter Sheoula (Hölle) nannten.

So betrachtet, ist die ganze Erde und alles, was man mit den materiellen Sinnen wahrnehmen kann, eine Sheoula. Sie ist der Seele, die sich in ihren geistigen Urzustand zurückverwandeln soll, Tod. Wer aufgehört hat, das zu sein, was er dem Wesen nach war, der ist als das, was er war, völlig tot. Eine solche Seele hat nach dem Verfall des Leibes ihr menschliches Wesen nahezu total verloren. Dann dauert es, nach irdi-

schen Zeitläuften berechnet, oft Ewigkeiten, bis sie wieder völlig Mensch wird.
Alles scheinbare Leben der Materie ist nur ein Trugleben, und der materielle Wert für die Seele ist so gut wie gar keiner. Dennoch ist es der Materie letztlich bestimmt, erweckt zu werden durch die Kraft des reinen Geistes. Aber dazu muß die Materie nach der ihr eingeprägten freien Intelligenz übergehen in die richtige Form und Wesenheit des Geistes. Er ist ein Licht aus Gott.

Der menschliche Verstand ist begrenzt und kann deshalb das Unbegrenzte nicht fassen. Und doch erbringt jeder Mensch, wie der ihn umgebende ewige Raum, Unendliches, mit jeder Faser seines materiellen Leibes, noch viel mehr mit seiner Seele und ganz besonders mit seinem Geist. Man denke nur an die ins Unendliche gehende Zellteilbarkeit des Körpers. Wo endet sie? Ebenso ist die Zeugungsfähigkeit der Menschen, der Tiere und der Pflanzen nahezu unbegrenzt.
Wer vermag Grenzlinien zu entdecken, bis zu denen geweckte Seelen ihre Gedanken erheben können? Wenn aber schon die Seele ein unendliches Gedankengebiet hat, dann um so mehr der göttliche Geist in ihr, der an sich die Kraft, das Licht und das Leben selbst ist. Dieser Geist ist es, der alles im Menschen schafft und ordnet und daher selbst nie vergehen kann. Obwohl die verschiedenen Teile und Glieder der Mate-

rie, also auch die des menschlichen Leibes, verändert werden, hören sie doch nicht auf, zu sein. Sie bestehen weiter, wenn auch in geistigerer und edlerer Form. Oder könnte der Mensch von sich behaupten, er sei als Kind gestorben, nur weil er im reifen Alter nichts mehr von seiner kindlichen Form behalten hat? Es gibt nichts Vergängliches und Begrenztes am Menschen, sondern nur bis zu einem gewissen Grad Veränderliches auf ein geistiges Ziel zu, wodurch es ihm im Laufe seiner Entwicklung ermöglicht wird, Unendliches, Ewiges, Zeit, Raum, Kraft, Licht und Leben zu begreifen, weil all das von Urbeginn an in seiner Natur enthalten ist.

Platos und Sokrates' Lehren haben wenig praktische Nachahmer gefunden, weil sie nur von wenigen verstanden wurden. Diogenes und Epikur hingegen haben rein verstandesmäßig gesprochen. Aber ihre Lehre hat den Menschen hier auf Erden nahezu gar keine Annehmlichkeiten eingeräumt. Aristoteles hingegen wurde sehr bewundert, am meisten wegen seiner markanten Redeweise. Aber auch seine Anhänger überdauerten die Jahrhunderte nicht, denn sie waren Anhänger der Logik. Ihre Möglichkeitstheorien grenzten manchmal schon ans Lächerliche. Was ihnen logischerweise als möglich erschien, das konnte unter gewissen Umständen auch physisch möglich sein. Dies war besonders für die Magie ein fruchtbarer Nährboden, den sich schon die Essener vor 2000 Jahren

zunutze machten, obwohl sie der Ideologie nach meistens Epikuräer und teilweise Kyniker waren.
Wo aber steckt die große Wahrheit des Lebens wirklich? Das Leben weist sehr oft Stunden auf, in denen man sich diese Frage notgedrungen stellt. Sollte denn im Ernst alles nur ein launisches Spiel des oft zitierten Zufalls sein? Sollte die Ursache als hervorbringendes und ordnendes Prinzip blinder und dümmer sein als ihre Werke? Kann eine todblinde Kraft überhaupt selbstbewußtes und reifes Leben gestalten? Die Mystiker stellten zu allen Zeiten einen allmächtigen und höchstweisen Gott auf. Aber Millionen fragten immer wieder: Wo ist er, und wie sieht er aus? Da auf diese Frage nirgends eine stichhaltige Antwort erfolgte, behalfen sich die Menschen mit ihrer Phantasie. Es wimmelte auf der Erde sehr von großen und kleinen Götzen, und die denkscheuen Menschen glaubten an sie. Solch ein Glaube aber ist beinahe ein doppelter Tod. Er macht den Menschen physisch und moralisch träge und untätig. Und Trägheit bedeutet seelischen Tod.
Die echten Weisen traten stets mit dem Kern der Wahrheit ans Licht. Sie zeigten immer wieder klar das Urfundament und den Zweck des Seins, wofür sie in all den vergangenen Jahrhunderten verfolgt und bestraft wurden. Dennoch war die reine Wahrheit den Herzen der Menschen im höchsten Grad willkommen, und so war sie auch das einzige, das sich fort-

pflanzte und ausbreitete. Sie ließ sich trotz allen Anstrengungen, die die meisten Machtbestrebungen dagegen unternahmen, nicht ausrotten. Denn immer war da noch der Geist, der dem Menschen zur rechten Zeit und auf richtige Weise all das offenbart hat, was er wissen mußte. Deshalb dürfen wir den Glauben daran nicht verwerfen, ohne den wir viel mühsamer zum Ziele gelangen.

Der wahre Glaube besteht darin, sich einem tieferfahrenen, wahrhaftigen Menschen anzuvertrauen, auch wenn man seine Tiefe zunächst noch nicht klar erkennt. Man kann das Vernommene anfänglich nur glauben und doch danach tätig werden. Durch die Tätigkeit sammelt man selbst Erfahrungen, die einem durch mündliche Erörterung allein nie hätten zuteil werden können.

Jede Art von Aberglauben oder nur ein oberflächlicher Glaube ist schlimmer als gar kein Glaube, denn dadurch wird niemand zur wahren und lebendigen Tat angeregt. So ist anfangs zur Aufnahme einer neuen Lehre der Glaube allein erforderlich. Es kommt jedoch hinzu, daß man die Lehren und ihre Gründe überprüft. Das völlige Verständnis dafür tritt erst durch die Erfüllung dessen ein, was die Lehre als Bedingung an und für sich gestellt hat.

Eine dieser Bedingungen besteht darin, das Geistige im Natürlichen zu betrachten. Jedes Weizenkorn hat in seiner ganzen Einfachheit eine zweifache Bestimmung. Es dient dem Menschen als Nahrung und sich selbst als Same zur eigenen Fortpflanzung und Vermehrung. Als Nahrung übermittelt es dem menschlichen Körper und durch den Körper auch der Seele seine vielfachen Besonderheiten und vegetiert auf diese Weise selbst in ein höheres und freieres Sein hinüber. Wie dies geschieht, erfährt der Mensch erst bei seiner Wiedergeburt im Geiste. Hier auf Erden aber so ganz nie, weil es unter dieser Sonne nichts Vollkommenes geben kann und jedes Wissen und Erkennen mehr oder weniger nur ein Fragment des Gesamten ist. Aber um so vollkommener ist das Jenseits, so man sich außerhalb des Einflusses von Zeit und Raum befindet und Erkenntnis kein Stückwerk mehr ist.

Wenn wir das Weizenkorn als Samen näher betrachten, wird ersichtlich, daß sich das Göttlich-Geistige, wenn auch gewissermaßen subjektiv scheinend, im Grunde objektiv außer Raum und Zeit darin befindet. Biologisch gesehen, bringt ein Weizenkorn gewöhnlich drei Ähren hervor, jede mit etwa 30 Körnern. Wenn man diese Körner aussät, so werden daraus im Jahr unter normalen Bedingungen sicher hundert Körner derselben Art und Gattung entstehen. Aus diesen hundert könnten im nächsten Jahr schon etwa 10 000 werden, im nächsten Jahr 100mal 10 000 usw. Das macht schon eine beträchtliche Menge Getreide aus, wofür ein großer Acker erforderlich wäre. Die weitere Vervielfältigung der Körner kann man auf hundert, tausend und noch mehr Jahre berechnen. Es ergibt sich, daß nach mehreren hundert Jahren schon mehr als eine Million Erdplaneten notwendig wären, um der ungeheuren Menge von Weizenkörnern als Acker zu dienen. Eine solche Vermehrung könnte ins Unendliche fortgesetzt werden. Das wäre aber nicht möglich, wenn nicht schon in jedem einzelnen Korn die endlose Zahl durch das Göttlich-Geistige, Außerzeitliche, Außerräumliche vorhanden wäre. Was im Weizenkorn vorhanden ist, das ist auch in allen anderen Samen, Gewächsen, Tieren und im Menschen vorhanden, weshalb der Mensch fähig ist, Gott zu erahnen, ihn zu lieben und seinen eigenen Willen dem erkannten göttlichen unterzuordnen.

Das ist das rein Geistige im Menschen, das sich als gottähnlich außerhalb von Raum und Zeit befindet. Das Korn, das in Brotform dem Leib als Speise dient, wirkt sich nicht zum geistigen Leben der Seele aus, sondern nur zum vergänglichen Leben des Körpers. Die geistigen Lehren aber bleiben und wirken für ewig in der Seele. Ihre Erfüllung besteht darin, Gottes Willen und somit Gottes Werke zu verrichten. Wer das zu erfassen vermag, der sollte wissen, daß sich auch Seelen von anderen Welten auf dieser Erde inkarniert haben. Viele von ihnen sind schon etliche Male gestorben und haben zur Vollendung ihres Geistes wieder Menschengestalt angenommen.

Der Glaube an die Seelenwanderung ist auf Erden stark verbreitet, wenngleich er oft bezweifelt wird. Die Zweifel entstehen allerdings meistens dadurch, daß der Glaube an die Reinkarnation verunreinigt ist. Viele halten nämlich auch den Rückgang der Menschenseele ins Tier-, Pflanzen- oder Mineralreich für möglich. Das ist nicht der Fall. Diese Annahme entspringt lediglich der irrigen Vermutung, die Menschenseele enthalte Teile aus dem Mineral-, Pflanzen und Tierreich, die sich innerhalb der gefestigten göttlichen Ordnung zur Menschenseele entwickeln. Rückwärts wandert auf Erden keine noch so unvollendete Seele. Nur im geistigen Mittelreich gibt es die Rückwärtsentwicklung, der äußeren Erscheinung zwecks Demütigung und Besserung der Menschenseele. Ist diese bis zu einem gewissen Grad erfolgt, über den es wegen Mangels an höherer Befähigung keine Weiterentwicklung mehr gibt, so kann eine solche Seele in eine ihrem Niveau entsprechende Beseligung auf einem Weltkörper übergehen. Es besteht außerdem die Möglichkeit, sofern die Seele es will, wieder ins Fleisch der Menschen auf Erden einzugehen, um auf diese Weise sogar die Kindschaft Gottes zu erlangen. So wandern auch von anderen Welten Seelen ins Fleisch dieser Erde, um sich darin jene vielen geistigen Eigenschaften anzueignen, die zur Erreichung der wahren Kindschaft Gottes notwendig sind.
Daher wird diese Erde vom Jenseits aus als

Läuterungsplanet angesehen, weshalb sie von Gott mit soviel Nachsicht, Geduld und Langmut behandelt wird. Wer das zu erfassen vermag, der sollte allerdings keine großen Worte darüber machen. Es ist nicht jedem Menschen gegeben, solche Geheimnisse aus dem unendlichen Reich zu begreifen.

Wenn ein Mensch erst einmal weiß, was er tun muß, um das ewige Leben zu erlangen, so tue er es und lebe danach. Er wird dann mit der Zeit die Erfüllung dieser Verheißung lebendig in sich fühlen.

Es ist jedoch für die menschliche Seele von keinem großen Nutzen und Wert, viel von solchen außerordentlichen Geheimnissen zu erfahren. Dabei besteht die Gefahr, daß er durch allzu Unbegreifliches in dem guten Glauben gestört wird, den er schon angenommen hat.

Um all das in seiner geistigen Lebenstiefe zu erfassen, braucht es schon mehr als Buchstaben und Gesetze. Vor allem sind es Hochmut, Trägheit, Eigenliebe und die daraus erwachsende Herrschsucht, die des Menschen Blindheit gegenüber der jenseitigen Welt und dem geistigen Leben verursachen. Dies wurde den Völkern zu allen Zeiten von den Propheten, Priestern und Sehern verkündet. Aber die Menschen sträubten sich dagegen, denn es fehlte ihnen die wahre Demut, die allein der Weg zum inneren Leben der Seele ist. Solange nicht wahre und reine Liebe und die ihr entsprechende Demut die Völker ordnen und leiten, solange wird die geistige Nacht die Erde umhüllen. Selbstsucht, Neid, Geiz, Verfolgung und Verrat, diese Elemente der Hölle regieren unsere Welt. Gewiß aber ist, daß es stets einzelne Menschen gegeben hat und immer geben wird, die im Licht der Erkenntnis stehen. Doch es sind immer nur wenige. Die meisten suchen ihr Heil einzig und allein in der Materie und sind nur in ihr und für sie tätig. Sie haben sich allem Geistigen abgewandt. Sie leugnen sogar das Vorhandensein einer geistigen Welt. Deshalb ist es nicht verwunderlich, daß sie von den Beweisen des Lebens nach dem leiblichen Tode nichts wahrnehmen und davon auch gar nichts wissen wollen. Die Menschen, die die Fähigkeit haben, mit der geistigen Welt zu verkehren, werden von ihnen nur verlacht und als Lügner abgestempelt, selbst wenn es ihnen gelingt, vor den Augen und Ohren der anderen Wunder zu vollbringen. Sie werden dann des Spuks und der Zauberei bezichtigt. Verständlich, daß viele ihre außersinnlichen Wahrnehmungen und Erscheinungen für sich behalten.

Selbst Christus, der aus dem allerhöchsten Geist Gottes auf Erden wandelte und durch Worte und Taten das ewige geistige Leben zeigte, wurde angezweifelt und verfolgt. Was für Beweise für die jenseitige Welt sollte es noch geben? Wenn Gott es wollte, könnte er allen Menschen in einem Augenblick geistige

Sehe geben, und sie alle würden sich dann von einem Moment zum anderen von einem Heer von Geistern nach allen Richtungen hin umlagert sehen. Dies ist aber in der göttlichen Ordnung nicht vorgesehen. Die geistige Welt und die Materie sind zwei verschiedene und voneinander getrennte Welten. Zum ewigen Fortleben ist allein das Geistige bestimmt. Die Materie kann nicht fortbestehen. Sie ist in sich nur gerichtetes Geistiges, nur auf eine bestimmte Zeit fixierter Wille Gottes. Weil in Gott neben allem anderen auch ganz besonders der freie Wille ist, wird ein Gedanke Gottes nur so lange festgehalten, wie es zum Erreichen eines höheren Zweckes nötig ist.

Ohne Gott und außer Gott kann niemals irgend etwas sein. Was es in der ganzen Unendlichkeit gibt, das ist aus Gott und daher im Grunde völlig geistig. Durch die Beharrlichkeit des göttlichen Willens erscheint es in manchen Welten als feste Materie. Hörte Gott jedoch auf, den Gedanken festzuhalten, so würde von ihm für kein materielles Auge mehr eine Spur zu entdecken sein, obwohl der auf diese Art aufgelöste Gedanke Gottes in Gott geistig ewig fortbestehen müßte.
Allein der Luftraum, der diese Erde umgibt, enthält eine Unzahl von freischwebenden und ungebundenen Urstoffen und Substanzen, die durch die Weisheit und durch den Willen eines vollkommenen Geistes als solche erkannt und

zu einem festeren Körper zusammengezogen und verbunden werden können. Wie kommen sie aber in so zahlloser Mannigfaltigkeit in die Luft unserer Erde und in die Atmosphäre, die unendlich viele andere Planeten im Universum umgibt? Die Antwort ist im Grunde einfach: Es sind Gottes Gedanken in der nie versiegbaren Fülle von Ewigkeit zu Ewigkeit. Sie sind die eigentlichen Ursubstanzen und Urstoffe, aus denen alles, was im gesamten Schöpfungsraum vorhanden ist, durch die ungeteilte, ewige Macht des göttlichen Willens besteht. Da jeder Gedanke aus der höchsten Intelligenz und dem höchsten Willen hervorgeht und in sich als selbständige Intelligenz den entsprechenden Teil des Gotteswillens birgt, kann kein solcher Gedanke jemals ein Ende haben, wie Gott selbst nie enden kann. Ebenso können Gedanken, die in der Bewußtseinssphäre Gottes gefaßt worden sind, von Gott niemals vergessen werden. Auch die geringfügigigsten und banalsten Gedanken sind in ihrer urgeistigen Beschaffenheit unzerstörbar. Da jeder Gedanke Gottes als göttlicher Intelligenzfunke notwendigerweise auch den göttlichen Willen in sich trägt, weil er ohne ihn nie entstanden wäre, können Einzelgedanken entweder für sich oder mit mehreren verbunden eine Idee ergeben und sich als etwas Selbständiges von eigener Art und Sphäre ausbilden. Es kann sich auch als das, was es ist, vervollkommnen und sich ins Unendliche vermehren, sich durch Verbindung mit den Urstoffen und Substanzen verändern, veredlen und immer vollkommener werden.

So ist eine werdende Sonne zunächst nur ein Lichtschimmer. Er ist nichts anderes als ein Konglomerat von zahllosen Gedanken Gottes infolge des ihnen zugrunde liegenden Willensanteiles aus Gott. Durch den Gotteswillen wird der ursprüngliche Lichtschimmer immer dichter und bekommt nach und nach die Dichte unserer Erdluft. Die Verdichtung schreitet fort und erreicht die Festigkeit des Wassers. Das immer mehr gefestigte Wasser wird nach und nach zu Schlamm, Lehm und Erde. Daraus entstehen festes Erdreich, Mineralien und Steine.

Der geistige Urkern, der auf diese Weise fest aneinandergebundenen ursprünglich geistigen Ursubstanzen und Urstoffe, wird tätig. Sie wollen sich befreien. Es entsteht Reibung. Daher werden die festen und schweren Teile der Materie oft sehr feurig. Durch den Feuereifer der nunmehr gedrückten, ursprünglich freien Substanzen werden die festeren Teile eines entstandenen Weltkörpers zerrissen. Oft wird das Innerste nach außen gekehrt. Häufig entsteht erst nach vielen solchen Eruptionen ein neuer Weltkörper in einer ruhigeren Ordnung. Die ihm zugrunde liegenden Urelemente finden einen anderen Weg, sich vom Druck zu befreien.

Danach entstehen Pflanzen, Tiere und höher entwickelte Lebensformen bis zum Menschen,

in dem sehr viele Urgedanken Gottes Erlösung von ihrem alten Gericht finden. Er hat die Möglichkeit, Gott zu erkennen als den Urgrund allen Seins, um danach zu leben und nach dem Leben in der Materie als selbständiges und freies Wesen zu ihm zurückzukehren.
Es gibt auf den zahlreichen verschiedenartigen Weltkörpern ebenso viele Unterschiede der freien geistigen Umkehr wie zwischen den Weltkörpern selbst. Die vollkommenste Möglichkeit der Rückkehr zu Gott ist jedoch von unserer Erde aus gegeben. Unter den schweren irdischen Lebensbedingungen kann man Gott am ähnlichsten werden, wenn man danach strebt, zu Gott zu kommen. Es liegt in Gott allerdings unendlich viel verborgen, von dem selbst die reinsten und höchsten Geister nichts wissen. Gott hat aber für die guten, hohen Geister einen so großen Vorrat, daß er sie immerfort mit ungeahnten Schöpfungen aus seiner Liebe und Weisheit auf unbeschreibliche Weise überraschen und ihre Seligkeit stets mehren kann.